"十二五"国家重点图书出版规划项目
中国对外传播文化软实力研究丛书

CHINA
IN THE EYES OF JAPANESE

日本人眼中的中国形象

王秀丽 梁云祥 著

北京大学出版社
PEKING UNIVERSITY PRESS

图书在版编目(CIP)数据

日本人眼中的中国形象/王秀丽,梁云祥著.—北京:北京大学出版社,2016.4
(中国对外传播文化软实力研究丛书)
ISBN 978-7-301-27015-8

Ⅰ.①日… Ⅱ.①王…②梁… Ⅲ.①国家—形象—研究—中国 Ⅳ.①D6

中国版本图书馆 CIP 数据核字(2016)第 067442 号

书　　　名	日本人眼中的中国形象 Ribenren Yanzhong de Zhongguo Xingxiang
著作责任者	王秀丽　梁云祥　著
责任编辑	徐少燕
标准书号	ISBN 978-7-301-27015-8
出版发行	北京大学出版社
地　　　址	北京市海淀区成府路 205 号　100871
网　　　址	http://www.pup.cn
电子信箱	ss@pup.pku.edu.cn
新浪微博	@北京大学出版社
电　　　话	邮购部 62752015　发行部 62750672　编辑部 62765016
印　刷　者	北京大学印刷厂
经　销　者	新华书店
	965 毫米×1300 毫米　16 开本　12.25 印张　166 千字 2016 年 4 月第 1 版　2017 年 8 月第 2 次印刷
定　　　价	32.00 元

未经许可,不得以任何方式复制或抄袭本书之部分或全部内容。
版权所有,侵权必究
举报电话: 010-62752024　电子信箱: fd@pup.pku.edu.cn
图书如有印装质量问题,请与出版部联系,电话: 010-62756370

序

近代以来对中国产生最大影响的三个国家,是日本、俄罗斯/苏联和美国。其中日本同中国在人种和文化方面最接近,而对中国所造成的民族灾难和心理创伤也最严重。对于当代日本而言,世界上最重要的两个国家则非中国和美国莫属。中日两大民族之间的相互看法之重要,感情之复杂,不亚于当代世界上任何一对双边关系。

本书专门研究从古到今日本人眼中的中国形象,其意义不言而喻。书中不仅运用了丰富翔实的资料,而且字里行间透出作者对中日关系深入细致的观察,促进两国人民相互了解的良苦用心,以及对改善双边关系的殷切期待。作为这本著作的首批读者之一,在此不揣冒昧,同广大读者谈几点自己的阅读体会。

读了本书对中日关系变迁史的陈述后最深的感受,是日本从古到今从来没有以平等的眼光看待过中国。古代日本怀着敬畏、崇拜之心仰视中国,全方位学习、模仿和接受中国的文化和政治制度。明治维新之后,特别是在甲午战争打败中国、日俄战争重创俄国之后,日本转而成为亚洲第一强国,同欧美列强平起平坐。"对中国的亲近感和敬畏之心永远成为过去,轻视乃至蔑视中国和中国人的民族沙文主义甚嚣尘上",直至侵略、奴役中国。

反法西斯战争胜利后,中国成为联合国安理会五个常任理事国之一,国际地位显著提升;而其时的日本不仅经济凋零,还不得不接受美国的军事占领，无权拥有正规军队。按理说，战后的日本该仰视中国了。可惜的是，中国很快陷入内战，联合国的中国席位又长期被台湾当局占据。不过，正如本书所揭示的，新中国成立后的一段时间，"日本社会主流的中国观再次对中国开始充满崇拜和憧憬之情，而且这次的崇拜与憧憬不同于历史上日本人对作为日本文化源头的中国文化长期抱有的崇拜与憧憬，而是一种对通过革命手段建立新国家的向往，认为新中国的道路才是日本应该走的道路。同时，在面对一个值得崇拜的中国时，他们自然认识到了近代以来日本对中国所犯的各种罪行，于是在崇拜感的同时又多了一层反省和赎罪的意识。"

然而，好景不长，在中国"文化大革命"十年及其后几年里，日本视中国为"理想之国"的观念彻底崩溃，"崇拜憧憬"转成"彻底失望"。中日邦交正常化之后，日本对中国的社会实际有了更多了解，日本的经济实力远强于中国，不少人又开始同情中国，希望能够帮助中国改变相对落后的状况。换句话说，"仰视"又一次转为"俯视"。

冷战结束前后中国国内的政治变化，20世纪90年代以来两国关系中出现的多重摩擦，加上中国实力的迅速上升，使日本的中国观又一次发生转变，可以说既非"仰视"或"俯视"，又非"平视"，而是本书作者所说的"厌恶"和"恐惧"。我相信，这两个令人不快而且吃惊的词语是作者经过仔细斟酌才使用的，也许是准确和客观的，也因此而发人深思。

当代国与国之间的平等关系只是国际法和外交中的一种说法，而非现实常态，国家之间事实上的不平等才是常态。一个国家的国民平等地看待和对待另一个国家，也是可遇而不可求的。但是，日本人对中国的看法曾在"仰视"和"俯视"之间两次交替，今天又出现了"厌恶"和"恐惧"，的确是国际关系中的特例，也是日本对外关系中的特例。拿日美关系来说，从1854年佩里将军率领美国舰队强行敲开日本国门到今天，两国实力对比的天平一直朝美国倾斜，除了太平洋战争期间以外，日本一直

"仰视美国"。在日韩关系中，日本在甲午战争后强占了朝鲜半岛并据之为殖民地，至今在国力指标的主要方面优于韩国，所以日本对韩国和除中国外的东亚其他国家从未有"仰视"之感。日本对俄罗斯不乏疏离感，而对欧洲主要国家，现在则可以谈得上"平视"。对中国以外的所有国家，日本都没有"仰视变俯视"、"厌恶"加"恐惧"的特殊情结。理解日本对华态度的这种特殊性，才能理解中日关系为何陷入了一个长期的难解之结。

我听到过国内一些评论者，包括一些日本问题研究者，认为日本民族生性缺乏平等意识，只懂得尊崇和服从强者，轻慢弱者；日本人之所以现在还不尊重中国，是因为我们还不够强大。他们说，等到中国实力足够强大，在国际上跟美国平起平坐乃至超越美国，日本人就会乖乖地服气，就像现在对美国那样，对中国俯首称臣。

对于日本的民族性，我没有做过研究，也没有资格评论。但就本书所写到的中国和其他一些国家在日本的形象而言，上述观点就似是而非了。这种观点背后其实还有一个立论，即国际关系的本质是社会达尔文主义，是弱肉强食：不仅日本，其他国家在国际社会也都只认识实力而不遵从道德规范。本书所做的日本民意和舆论调查、国际关系的历史与现状，都难以支持这一立论。一项调查显示，许多日本人承认中国已经是一个强国，这是无法改变的事实，"最好的结果，就是强大了以后，中国能够做个'温柔的巨人'"。我觉得"温柔的巨人"的比喻既生动又贴切。其他邻国看中国，台湾人看祖国大陆，大概都持有类似的感情和期待。

权力政治当然是国际政治的主要内容。法西斯德国和军国主义日本，的确只能用武力消灭而不能靠言辞说服。但强大的军事力量和经济力量，只有在正义、合法的目标下才能长久发挥效力。这不是什么新鲜的政治学理论，古今中外，发展到一定程度的文明都有类似的名言警句以告诫自己的政权。以长期称雄于世界的美国来说，它的硬实力在冷战时期是越南的几十倍,后来又是伊拉克和阿富汗的几十倍,但与这些国家的战争无一例外地让各个时期的美国泥足深陷而无法自拔。且不论中国何时才能在实力地位上超过美国,让日本人"服膺",就今天的中日关系而言,主要问题不是出在中国的硬实力不够,而是出在精神层面和政治层面,即中国的软实力远远不足以让日本人喜欢或者"服气"。

本书提到的一项民意调查显示,俄罗斯、中国、印度、德国和美国五个国家中,日本人最喜欢的国家是美国,比例高达48.9%,其次为德国(36%)、印度(9.3%)、中国(4.1%),喜爱程度最低的是俄罗斯。喜欢美国的主要原因是美国的政治民主和经济发达;喜欢中国的主要原因则是中国的灿烂文化和高速发展的经济。

谈到日本人对美国的看法和感情,不禁想起同我有过一些个人交往的已故著名日本电影演员高仓健先生。在2009年的一次长谈中,我问起高仓健先生最喜欢的电影,他毫不犹豫地推荐获1978年奥斯卡最佳影片奖的美国电影《猎鹿人》(*The Deer Hunter*),后来还特地赠送我一张这部电影的光盘。他说,《猎鹿人》这部电影他已经看过22遍,很快还要再看一遍。以我的理解,高仓健先生之所以如此钟爱这部电影,是因为它以越南战争为背景,却没有局限于对越战及其发动者的谴责,而是深刻揭露了战争给人性造成的严重扭曲和彻骨伤痛。高仓健先生毫不掩饰自己对政治(包括国际政治)的恶感,但对美国文化和美国人却颇有好感,认为只有美国人才能制作出如此感人而深邃的文艺作品。我当时就想,如果当代中国人能拿出感动日本国民的若干精神产品,何愁中国在日本的国家形象呢?

本书恰恰揭示了这一缺憾:"自近代日本推行西化政策以来,中国文化对日本民众的吸引力大大下降,日本民众对中国文化的喜爱程度也远远低于西方欧美文化。"我们可以把产生这一缺憾的原因归结于日本媒体对中国的偏见,因为绝大多数日本公众都只能从本国媒体的报道中了解中国,而中国媒体由于种种原因很难进入日本社会。但是,更令人遗憾的是,"日本人普遍认为他们对中国传统价值观的认同度更高。超过半数的日本民众都认为他们赞同仁、义、礼、孝这些价值观,……远高于他们眼中的中国人对这些价值观的认同。也就是说,日本民众认为中国人对中国传统价值观的认同度是极低的"。可以由此引申说,日本人认为他们对两国都认同的价值观的认识和践行,要高于中国人。我们当然不喜欢听到这样一个结论。但是,对照起当今中国社会的道德水准和国民素质,我们又不能不深刻反省自己,更没有理由将之归咎于媒体。书中提到的涉及中国公民的个别案例,包括早稻田大学天儿慧教授对他的几位中国学生缺乏诚信的评论,都令人痛心。

在纠正日本对中国的误解和偏见、提高中国对日舆论工作的质量和效果方面,本书提出了许多中肯而有益的建议。同时,我相信本书作者会同意我拜读书稿后做出的一个基本判断,即改善日本人眼中的中国形象的根本途径,是进一步推动中国的改革开放和民主法治进程,让作为一个整体的中国公民更加文明、礼貌、友好、守信。只要中国社会在继续进步,中国在日本的形象就会越来越好。对这一点,我们应当有充分自信。

王缉思
2016年1月20日于北京大学北阁

目录

前　言 ... *001*

第一部分　历史回顾

第一章　中日交往的历史 ... *003*
　一、古代的中日交往 ... *004*
　二、近代的中日交往 ... *014*
　三、战后的中日交往 ... *025*

第二章　日本人的中国观 ... *035*
　一、古代日本人的中国观 ... *036*
　二、近代日本人的中国观 ... *038*
　三、战后日本人的中国观 ... *044*

第二部分 现 状 调 研

第三章 调研方法 — *061*
 一、问卷调查 — *061*
 二、深度访谈 — *067*

第四章 日本人眼中的中国形象 — *070*
 一、国家形象的相关研究 — *071*
 二、日本民众眼中的中国形象 — *078*
 三、调研分析 — *085*
 四、策略建议 — *091*

第五章 日本人眼中的中国文化 — *093*
 一、文化与国家形象 — *093*
 二、日本人眼中的中国传统文化 — *097*
 三、日本人眼中的中国制度文化 — *109*
 四、调研分析 — *111*
 五、策略建议 — *114*

第六章 日本人眼中的中国媒体 — *117*
 一、媒体与国家形象 — *117*
 二、日本人了解中国的渠道及对中国媒体的接触和评价 — *120*
 三、调研分析 — *128*
 四、策略建议 — *132*

第七章 日本人眼中的中国人 — *135*
 一、国民形象与国家形象 — *135*

二、日本民众眼中的中国人　　　　　　　　　　　　139

三、调研分析　　　　　　　　　　　　　　　　　　146

四、策略建议　　　　　　　　　　　　　　　　　　148

第八章　日本人眼中的中日关系　　　　　　　　　　150

一、日本民众对当前中日关系现状的评价　　　　　　150

二、影响中日关系的重要因素　　　　　　　　　　　155

三、改善中日关系的途径　　　　　　　　　　　　　163

结　语　　　　　　　　　　　　　　　　　　　　　168

参考文献　　　　　　　　　　　　　　　　　　　　172

后　记　　　　　　　　　　　　　　　　　　　　　178

前　言

中国和日本是东亚地区最重要的两个国家，中日关系自近代以来一直是国际关系中最重要的双边关系之一，同时也是中国对外关系中最重要的关系之一，尤其在纪念中国人民抗日战争暨世界反法西斯战争胜利70周年的今天，中日关系更成为一个备受关注的话题。然而，中日关系又是一对非常特殊的双边关系，两国不但在历史上恩怨不断，即使在今天也仍然有着割舍不断的联系和各种各样复杂的问题。比如，在两国长期的交往中，既有着漫长的和平与友好的历史，又有过对立与战争的历史。即使在今天，中日两国间既有着每年超过3000亿美元的巨大双边贸易额和将近500万人员的往来交流，同时又存在着政治上和安全上的激烈竞争甚至摩擦和冲突，尤其两国间近代以来的历史重负和阴影仍然没有完全消除，在对待战争历史的认识问题上，中日两国还存在分歧，围绕历史上遗留下来的领土争端以及不同安全利益的冲突更使两国关系常常处于危险的境地。

然而，历史的经验教训值得汲取，历史上中日之间的和平与友好给两国都带来了巨大利益，冲突与战争都曾经给两国带来巨大的灾难，尤其在今天军事技术高度发展的情形下，同时作为大国的中国和日本已经不能再一次地经受战争，否则就意味着彼此的毁灭。何况，在一个已经日益全球化的世界，和平与发展已经日益成为世界性的潮流，中日两国不仅要追求自己的国家利益，同时还应该更多地对地区和世界承担责任。也就是说，中日关系已经不仅仅是一对简单的双边关系，两国关系如何发展，对整个东亚地区乃至整个世界而言，都关系重大。

因此，如何改善中日关系，使两国关系实现真正的历史性和解并能够走上一条和平稳定的正常发展道路，是两国政府和国民必须要考虑而不能回避的一个问题。从历史与现实的维度来看，中日关系中既存在着正面积极的历史记忆与广泛的现实利益，同时也存在着负面消极的历史记忆与现实的利益冲突。然而，历史已经逝去，如何认识历史和如何建构对历史的记忆却更多的是现实利益的一种需要。一般来说，有关中日关系的古代历史记忆中正面积极的内容是主要的，比如中国文化对日本的全面影响、中日文化的交流与接近、中日贸易的开展与扩大等，而近代历史记忆中负面消极的内容则是主要的，比如日本对中国的渗透与侵略、中日两国的战争等。不过随着1972年中日邦交正常化的实现，中日两国历史上的这些恩怨从法律的角度来说就应该结束了，甚至两国关系在此基础上已经有了近三十年的正常全面发展。但是，今天的中日关系似乎又有所倒退，不但历史问题被重新提起，在现实的利益方面两国也开始出现更多的竞争与摩擦，比如安全上的相互不信任、领土及海洋争端等，这些问题甚至已经开始影响到两国的经济关系和两国国民的相互感情。对于近代历史的认识问题，作为加害者的日本方面当然应该承认基本的历史事实并做出反省，而作为受害者的中国方面也不能总是停留在对日本充满怨恨的状态，重要的是双方要寻找到更多的现实利益基础，以及教育彼此的国民真正地接受历史的教训，走出历史的阴影，在更多现实利益的基础上实现两国关系的改善与长期的和平共处。

其实，中国和日本之间仍然存在着广泛的共同利益，并且两国政府已经宣布要建立中日之间的战略互惠关系，双方的经济关系也已经非常密切，文化交流的规模也在继续扩大，也都在试图促进多个领域的地区多边合作。因此，虽然目前中日之间还存在一些结构性的矛盾，但是历史已经昭示中日两国：和则两利，斗则两伤。作为东亚地区最为重要和强大的两个国家，中国和日本不但要考虑本国的利益，更需要有一种全球化时代更广阔的思维和视野，即超越国家与民族的思维和视野，在更大范围即地区和全球范围来定位两国关系，有意识地促进地区多边合作并在其中共同发挥作用，在这一合作过程中进一步增加共同利益和共同责任，并以此来冲淡历史中的不愉快和其他双边关系中存在的问题，共同为东亚和世界的和平与繁荣做出贡献。

中国和日本都属于东方国家，尽管在近代化的过程中双方都先后接受了近代西方的国际关系规则，但在彼此的关系中仍然有着非常浓厚的东方特点，即比较感情化，不论是在 20 世纪七八十年代中日关系的蜜月期还是在进入 21 世纪后中日关系的摩擦期，这一特点都表现得非常明显，在关系好的时候就完全沉浸在中日友好万岁的口号声中以为两国可以世世代代友好下去了，在关系不好的时候又不停地相互指责甚至觉得中日不再通过一场战争就解决不了彼此之间的矛盾。尤其是中日两国的国民感情，极易被某种情绪所左右，或左或右，或冷或热，严重扭曲了中日关系并在很大程度上制约了中日关系。

目前的中日关系中确实存在很多问题，比如说历史认识问题、领土争端问题、安全困境问题等，然而最使人担心的其实是两国的国民感情问题。如果没有比较好的国民感情基础，中日关系改善的难度就会更大，只有真正改善中日两国的国民感情，才能从根本上改善和稳定中日关系。众所周知，在目前资讯信息高度发达的情形下，任何国家的国民对外交的参与度都在提高，任何国家的政府在考虑同其他国家的外交时都不能不顾及本国国民的感受。在进入 21 世纪的这十几年来，中日两国国民对对方的好感度在大部分的时间里都在持续下降。根据双方的多次舆论调查，目前中日两国对对方具有好感度的人数比例大约停留在 10% 左右，而没有好感度的人数比例却高达 90% 左右。这一结果当然主要是由于中日关系本身有问题导致的，但是国民感情的恶化反过来又制约了中日关系的改善，常常迫使彼此的政府都不得不做出更为强硬的姿态。所以，任何国家之间的民间关系都应该尽量避免完全等同于政府之间的政治关系，民间关系应该成为国际关系中的和平因素而非战争因素，中日民间关系同样也应该为了改善中日整体关系而非激化这一关系而发挥作用，就像20世纪70年代前虽然中日两国没有正式的官方关系或者两国的官方关系处于敌对状态，但是那时两国民间通过展开"民间外交"的方式保持了民间的交流，成为彼此沟通和了解的渠道，为后来两国官方关系的建立提供了深厚的社会基础。

其实，2014年11月亚太经合组织（APEC）领导人非正式会议期间实现中日首脑会晤以来，中日两国的政治关系已经停止了持续恶化的趋势而处在改善的过程中，但是中日关系并没有完全走出恶化的怪圈，或者说在两国关系结构中的一些根本性的矛盾并未得到实质性的解决，这其中就有受制于国民感情的原因，即两国国民感情的恶化使得两国政府在面对对方时往往更容易采取强硬和不妥协的态度。因此，在目前中日两国关系中仍然存在一些结构性矛盾并暂时还难以根本解决的情形下，先从改善两国国民感情入手也不失为一个相对有效的途径。比如，近一两年以来大批中国人赴日本旅游购物，大部分赴日的中国人对日本都留下了比较好的印象，这样至少会使人感觉到两国看起来还不至于会开战。不过，由于两国政治关系紧张以及中国国内出现的雾霾污染、食品安全等问题，近几年日本人来华人数却大幅度减少，这当然不利于两国民间关系的改善，因为只有双向的交流才是健康的和可持续的。不过，日本方面也已经意识到了这个问题，2015年5月日本执政的自民党总务会长二阶俊博带领3000人大规模来华观光文化交流团访问中国，就是为回应近年来中国人大规模赴日旅游购物但来华日本人却大幅度减少的情形，即为了促进两国的双向交流而组织的。

目前看来，中日两国的民间关系还比较脆弱，尤其容易受到双方政治关系的影响，不过即使在两国政治关系存在问题的时候，民间交流关系也不应该停止，反而更应该积极地促进这种交流。也就是说，不论两国政府的政治关系如何，国家之间的民间关系一般都需要善意培育而不是煽动仇恨，国民感情历来都是改善起来困难而损害起来却很容易，一旦恶化再要重新改善就更加困难，因此只要真心愿意改善中日关系，就应该重视和积极促进中日民间交流，让双方在交流的过程中逐渐增进感情并让两国的民间关系逐渐成为改善两国政治关系与维护两国和平的坚实基础和希望所在。

本书的研究目的主要是通过对中日两国交往的历史叙述以及现实情况的调研从总体上了解自从中日两国开始交往直至目前日本社会对中国的一般性看法，即尽可能对各个不同的历史时期进行分阶段地归纳以便寻找出当时日本社会主流对中国的看法，在此基础上对当前日本社会对中国的看法进行更加细化与科学化的调查和访谈，从而了解日本民众对中国文化、社会、政治、经济、媒体、中日关系等各个方面的不同看法，并分析这些看法形成的主要原因，进而提出改进的建议。这样做的最终目标，是希望在了解日本民众的中国形象的基础上进一步提升和完善我国的对日传播，有的放矢地做好对日民间交流，加深日本社会对中国的了解和理解，塑造我国的良好形象，从根本上改善和增进中日两国国民的感情，使中日关系正常发展具备坚实的民意基础。

这项研究计划的完成，无疑具有非常大的现实意义，它有助于我们更为系统和更为客观理性而非想当然地了解和掌握日本社会从过去到今天长期以来对中国的真实看法及其背后的原因，对中国人正确看待和认识日本社会也同样具有意义。同时根据本书的研究结果，还可以适度调整对日政策，以便能够进一步增进中日两国国民之间的了解，对改善和稳定中日关系发挥积极的作用。

本书主要分为两大部分，共八章。第一部分历史回顾主要是对中日交往的历史以及日本人的中国观的演变进行总结和梳理，包括两章。第一章梳理了中日两国从古代、近代到二战后几千年的文化交流和交往的历史；第二章重点考察在中日两国的交往过程中日本人的中国观，包括从古至今日本人对中国的观念和看法的变化及其原因分析。第二部分现状调研主要是基于对日本民众的问卷调查和深度访谈的数据而得出的日本民众对中国各个方面的观点和评价，包括六章。第三章具体介绍了本书所采用的研究方法，包括对三次调查问卷的问卷设计、发放和样本特征的描述以及对所选取的访谈嘉宾的介绍。第四章重点论述了日本民众整体的中国印象，包括对中国的总体印象、亲近感以及中国对世界和平和日本的影响等。第五章重点探讨了日本民众眼中的中国文化，包括对中国文化符号、文化产品、传统价值观以及制度文化的认知和喜爱程度等。第六章分析了日本民众眼中的中国媒体形象，以及媒体报道对日本民众的中国印象形成的影响和改进策略。第七章讨论了日本人眼中的中国人形象，以及中国人的形象对于中日关系的影响。第八章主要探讨日本民众眼中的中日关系，以及影响中日关系的各种因素和改善策略。

第一部分

历史回顾

　　中日两国交往的历史已经有两千多年，两国关系既有相互友好交往并留下若干佳话的历史，也有相互摩擦、冲突甚至导致战争的历史。中日两国作为永远不能变更的邻国，彼此之间有着割不断的联系。在两国长期的交往中，固然两国的实际需要和实际利益决定了两国之间的关系，但是在观念上彼此如何看待对方一定程度上导致了如何去对待对方，这其实也导致了中日关系的不同状态。从这个意义上来说，观念对于塑造中日关系非常重要，因此我们有必要从历史的角度去考察中日关系以及在中日交往历史长河的各个不同阶段，日本人是如何看待中国的，以及这些不同的观念在多大程度上改变了日本的对华政策以及在与中国的互动过程中如何造就了实际的中日关系。

第一章
中日交往的历史

中国与日本同为东亚国家，地理距离非常接近。据说在地球的冰河时代，因为海平面较低，今天的日本列岛曾经与亚洲大陆相连。即使地质变动将日本列岛与大陆相分离形成今天的地理状态，中日两国也仅隔东海相望，从中国大陆到日本列岛主要大岛之间最近处的直线距离只有300多海里，如果连同两国散布在东海中的岛屿也算在内，那么两国领土之间的距离会更近。而且，在中日两国之间还有一个连接着中国大陆的朝鲜半岛，朝鲜半岛与日本列岛之间的距离只有100海里左右。因此，在航海技术还相对比较落后的古代，中国大陆与日本列岛之间的交往就已经开始了。

正是由于这种地理上的接近，亚洲大陆与日本列岛之间的人员流动就相对简单和频繁，因此中国人与日本人从人种上来看也非常接近。根据现有的考古发现，今天生活在日本列岛上的日本人的祖先，基本上就来自于亚洲大陆北部，即可能在两地还未分离时从大陆移居而来，或者通过朝鲜半岛渡海而来，当然还有一部分来自于今天的东南亚地区。这些来自亚洲大陆不同地区的居民生活在相对封闭孤立的日本列岛上，经过长期历史过程中的相互融合逐渐形成了今天的日本人。总之，中国人同日本人的血缘关系并不遥远，这一点其实通过直接的观察也能够看得出来。

然而，在自古至今长达两千年的历史长河中，中日两国恩怨不断，无论好与不好,在大部分的时间里都保持了比较密切的关系,并且相互影响。在古代大部分的时间里,中日两国关系密切而稳定,只是偶然有过短暂的冲突。进入近代之后,中日两国同时进入西方国家主导的国际关系体系,但双方对这一变化的不同应对导致了彼此的国际地位发生逆转,在近一百年的时间里两国处于对抗甚至战争的状态。第二次世界大战之后,两国关系本应回归正常,可是又因为中国内战的结果和国际冷战结构使得中日两国长期没有正式外交关系,直至20世纪70年代初两国邦交正常化后彼此关系才进入全面发展时期,其友好合作的状态持续了二十多年。冷战结束之后,大约从20世纪90年代中期开始,中日两国又进入了一种所谓"政冷经热"的新状态,即两国经济关系密切且具有较深的相互依存关系,但是在政治上却开始出现了一些结构性的矛盾,并且围绕历史认识、领土争端等问题出现了全面紧张的状态。我们所面对的中日关系,就是由从古代到近代再到今天这一漫长历史过程中各种因素交织在一起所形成的一种既近又远的关系,即既亲密又疏远,既相互需要又相互厌恶,既崇拜佩服又轻视蔑视,既友好合作又恐惧担忧等各种矛盾相互并存交织的一种关系。

一、古代的中日交往

(一) 中国古代典籍中的日本

中日两国的交往历史虽然久远,但是并不意味着两国的文明史的发展是同步的。也就是说,中国大陆的社会文明历史起点要早于日本列岛,甚至日本历史的起点还需要从中国的历史典籍中去寻找。根据中国现有的一些古代典籍记载以及日本的考古发现证明,大约从中国东汉时期起,中国人就开始对日本有所了解,并且两国就开始有了交往。例如,由东汉班固写于公元 1 世纪的《汉书·地理志》中就有了对日本的确切记载:"夫乐浪海中有倭人,分为百余国,以岁时来献见云。"① 从这些记载中,可以大致看出当时日本列岛上的社会发展状况。根据南北朝时期南朝宋人范晔 445 年所著的《后汉书·东夷传》记载,东汉光武帝建武中元二年即公元 57 年,"倭奴国奉贡朝贺,使人自称大夫,倭国之极南界也,光武赐以印绶"②。说明东汉时期中日两国已有交往,日本列岛的某一个小国已经派出使节来觐见中国的皇帝。而且,这段历史被后来 1784 年在日本北九州博多湾的志贺岛出土的铸有"汉委奴国王"的金印所证实。虽然该金印出土后曾长期受到一些人的质疑,怀疑其是否后人伪造,但是经过各种鉴定以及与其他汉代墓葬出土的印章相比较,基本上可以断定其真实性,因此在 1981 年被日本政府认定为国宝,目前保存在日本福冈市博物馆。而且,根据历史记载,倭国国王在 107 年曾经再次来到东汉朝廷朝贡。

从东汉后期开始,在中国的官方史书中就有了专门有关日本的记载,如 289 年陈寿所著的《三国志》中有专门的《魏志·倭人传》,比较系统地记述了有关日本列岛的情况,并且记载在 239 年曾经有大致位于今天日本九州岛上的一个小国"邪马台国"的女王派遣使者赴魏国朝贡,被曹魏朝廷封为"亲魏倭王"并赐予金印。即使在后来中国两晋南北朝大约三百年间社会处于动荡时期,不同朝代不同政权的官方史书也都有关于日本的记载,如 488 年成书的《宋书·夷蛮列传》和 514 年成书的《南齐书·东南夷传》等。不过,由于这段时期的社会动荡,中日双方的正式交往减少,虽然上述官方记载中涉及日本,但是并没有比过去更详细的记载,一般都是在过去记载的基础上同样地重复简单介绍,寥寥数语,其至

---

① 转引自滕军等编著:《中日文化交流史》,北京大学出版社 2011 年版,第 24 页。乐浪是汉武帝灭卫氏朝鲜后在朝鲜半岛北部设立的四郡之一,乐浪海应指黄海及东海一带。后汉末年,辽东太守公孙度割据称侯,拥有旧燕之地和乐浪郡。公元 204 年(建安九年),公孙度之子公孙康在乐浪南部设带方郡,统辖中日朝各族交往事宜。

② 转引自滕军等编著:《中日文化交流史》,第 24 页。

有些内容只是根据传说和听闻写成的。

也恰好大约在中国社会开始动荡的3世纪末期，日本列岛上也开始出现社会动荡，若干小国之间开始发生相互兼并的战争。在今天日本本州岛西部的奈良为中心的地区，兴起了一个相对强大的大和国，经过一系列兼并战争后，大约在4世纪末到5世纪初统一了日本列岛。在这一百多年的时间里，中日之间的交流情况记载较少，日本国内所发生的动荡也在后来的中国史书中有所描述，且多依据一些传说记载。不过，即使在这段相对动乱的时期，中日之间也有文化的交流，比如汉字、儒学及其经典著作《论语》以及佛教就是在这个时期从中国传入了日本。

（二）日本全方位接受中国文化

6世纪末期，中国社会在经历了近三百年的动荡之后，终于再次进入一个相对稳定发展的时期，即中国在秦汉王朝之后又一次形成了全国统一的隋唐王朝。581年，隋朝建立并在589年完成全国统一，中国终于结束南北长期分裂的局面，社会再次进入一个繁荣发展的时期。而恰恰在此时，日本列岛也已经形成一个统一的国家，但是其国家政权被若干贵族集团所把持，作为统治者的天皇的权力并不十分稳固，其社会形态仍然处于变动之中。于是，中国隋朝的建立和国家的统一，为处于近邻的日本提供了借鉴，中日两国的交往又开始变得频繁。593年，日本皇室在经历了一系列宫廷斗争之后任命皇子之一的圣德太子为皇太子和摄政，并代替天皇处理政务。圣德太子执政之后，开始进行全面改革，即完全模仿中国隋朝的制度，试图建立起一个以天皇为中心的中央集权国家。603年，圣德太子新政权制定了所谓"冠位十二阶"制度，即根据儒学所提倡的德、仁、礼、信、义、智等几个级别来规定荣誉爵位，并按照官员的才能和功绩来授予爵位，其目的在于选拔人才和鼓励官员们对天皇的忠诚，以此来打破贵族豪强的专权势力。604年，又制定了所谓《十七条宪法》，作为官员和臣民的行为准则,其中多以中国的儒法道等诸子百家及佛教思想为主,强调尊崇佛教、服从天皇、尽职守信、善待百姓。与此同时,圣德太子还大兴佛教,出版佛教经典和建立佛教寺院,如日本奈良著名的法隆寺及其中的五重塔即为那时所造,今天已经成为日本及其文化的象征符号之一;以及利用汉字编纂史书《天皇记》和《国记》等。这一系列措施都是试图从思想上统一国民,加强皇室和国家的权威和观念,为削弱贵族豪强势力和加强天皇中央集权服务。而且,事实上也对日本民族的形成和巩固发挥了巨大作用。

更为重要的是,以上这一切几乎都是在中国隋朝和唐朝的影响下进行的。607年,圣德太子首次派出遣隋使小野妹子赴长安并携带天皇书信给隋朝皇帝;608年,隋朝皇帝也派遣官员裴世清出使日本;同年9月,小野妹子再次赴长安,并带来了数十名留学僧人和留学生,开创了大规模全面向中国学习的先河。其后,日本方面又多次派遣使者和留学僧及留学生赴中国,这些留在中国学习的留学僧和留学生在学习后返回日本,曾在后来日本发生的一些重大历史事件中和对促进日本社会文化的发展进步发挥了积极的作用。

圣德太子的改革虽然削弱了贵族豪强势力,为天皇制中央集权国家的建立奠定了基础,但是改革并不彻底,尤其在圣德太子622年去世之后,又出现贵族专权并引起朝政混乱。正在此时,过去大批派往中国学习的留学僧和留学生们陆续回国,同时也将中国隋唐的文化和政治制度等要素带回了日本。645年,日本皇室成员和一些官员发动宫廷政变,肃清了干预朝政的贵族势力,组成新政权,效仿中国朝廷的做法建年号为"大化",并主要依靠那些学成归国的留学僧和留学生开始实施以中国唐朝为蓝本的改革。

646年为日本历史上著名的大化元年,也就是在这一年的元旦,日本皇室颁布"大化革新诏书",其主要内容基本上都是模仿唐朝的制度,比如收回贵族的土地变为公地，建立户籍制度并据此分配全国土地，根据所授田地向农民收取地租及分配劳役和征收其他捐税，即实行像唐朝一样的"租庸调制"。此外，为巩固天皇中央集权制度，也模仿唐朝官吏的三省六部州县制度，设置了所谓"八省百官"的中央机构，地方则设国、郡、里等不同行政级别，官员都由朝廷任命，形成了一套比较完整的自上而下的统治机构，而且也确实强化了日本古代的天皇制及其统治。

在日本全面学习和模仿隋唐的过程中，曾长期持续不断地向中国派出遣隋使和遣唐使进行学习，除去圣德太子执政期间就开始派遣遣隋使及留学僧和留学生之外，从630年起日本又开始更大规模地派出遣唐使，而且历经两百多年，到838年，共任命派遣19次，成行的有12次，且派遣人数不断增加，其构成也越发多样，最初每次大约有两百多人，到了后期人数最多时每次可以达到500人至600人的规模。这些人中既有官吏，也有工匠、医生、艺人、僧侣、留学生等，而且其中还出现了一些中日古代交流史上的著名人物，如阿倍仲麻吕、吉备真备、空海和尚等。在此期间，还有一位著名的中国僧侣鉴真和尚从中国扬州东渡日本传教却屡次失败，但他锲而不舍，先后历时十一年时间东渡六次，终于在754年成功到达日本列岛并在日本奈良759年建成的唐招提寺讲经传道，最后卒于日本，成为古代中日文化交流史上的一段佳话。

正是通过中国隋唐近三百年时间中日之间这种密切而规模巨大的交往，日本全面地吸收了中国的文化、科技以及政治制度，全面塑造了古代日本的国家形态和社会生活，甚至那时以儒学为中心的中国文化的教养对于日本高级官僚和贵族来说是必不可少的素质，以日本朝廷和贵族为中心编纂和出版了众多汉文诗集。也正是从这个意义上说，中日两国具有相近或相似的文化，或者一定程度上可以说中国文化是日本文化的源头，或者至少可以说是主要的源头之一。例如，除去直接拿来使用中国的汉字和典籍之外，日本的文字假名就是大约在9世纪之后在学习模仿中国隋唐文化以及汉字的基础之上创造出来的，并且又利用汉字假名混用或单独用假名书写和创作了众多文学作品，如《万叶集》《古今和歌集》《源氏物语》等著名文学作品。

（三）中日文化的同源性和差异性

当然，中国与日本的历史发展起点及过程并不完全相同，中国的历史起点要早于日本，即在中国社会大约从公元前17世纪初的商朝已经充分发达以及具有了相应的国家形式和规模之后大约1500年之后，今天的日本列岛上才开始出现国家。因此，处于相对发达阶段的中国对日本产生了全方位的影响，在几千年的历史发展过程中，两国在文化上也具有了很多相同、相似或相近的内容。在古代，日本从中国学习和吸收了大量的中国文明，其中既包括生产技术，也包括文化艺术，甚至还几乎照搬和模仿了古代中国当时的政治制度。而到了近代，中国也同样从日本吸收了很多来自于西方的新文明，其中主要是近代西方的思想和技术，以及大量用来表达这些新思想和新技术的词汇。也正因为如此，有很多人认为中日两国是所谓"同文同种"，即不但人种和血缘关系相近，两国的文化也具有同源性，即古代日本文化来源于中国文化，同时中国文化中也具有日本文化的元素。

应该说，中日两国的文化确实具有某种程度的同源性。至今在日本文化中仍然保留有很多中国文化的痕迹，比如汉字、奈良和京都等古都的城市建设格局和各地庙宇的建筑式样、某些历史典故名称的由来，甚至某些生活习惯等等。同时，现代汉语中的众多词汇，尤其近代以来用来表达来自欧美新事物的那些词汇，最早大部分都来自于日语，对于现代中国人来说，代表日本文化象征的一些符号也似曾相识而并不感到陌生。然而，其实中国文化和日本文化并非同源文化，而是各自独立的两种不同的文化，充其量也只能说两种文化都同属东方文化，彼此之间具有某种相似性或相近性。例如，在20世纪90年代曾经提出"文明冲突论"的著名美国学者亨廷顿就将世界文明分为七大或八大文明，其中中华文明与日本文明是一种并列关系而非包含关系，至少说明在中日两国之外的第三者看来，中国文化与日本文化是不同的两种文化。①

当然，中日文化中确实也有很多相似或相同的内容，所以也确实有学者将日本文明作为中华文明的一部分或至少是比中国文明低一级的子文明来看待，不过即使两国文化中这些相似或相同的内容具有相同来源，其实在其自身的发展过程中也已经变得不再相同。例如，日本在古代确实引进了大量的中国文化，但是日本人会按照自己的理解和需要重新解构这些文化内容并最终形成自己的文化，如中国的汉字在日本被发展成为假名，与汉字共同构成了今天的日语文字，甚至将某些被引进的文化内容发挥到了极致，如中国的品茶文化在日本被发展成为"茶道"，中国的赏花文化在日本被发展成为"花道"，中国的剑术在日本被发展成为"剑道"，中国儒学中的某些内容被日本武士阶层所接受并改造发展成为日本的"武士道"，来自于中国的佛教在日本也并未形成统一教派而是经过改造形成了众多的更为世俗的宗派或流派等等，而且这些被改造的内容都已经变成了日本核心文化的一部分，有的甚至已经成为日本人精神世界的一部分。因此应该说，中日两国文化相近但不相同，甚至两国文化中有很多完全不同的地方，当然也有相互不理解的地方。例如，儒学在进入日本后也曾成为日本上层知识精英和官员们的追求，对日本人的精神世界也发挥了影响，但是并没有成为改变日本社会的制度性力量。正像有些学者认为的那样："在日本，儒教并没有改变中心的或知识精英的基本结构和前提。尽管8世纪在这一方向上进行了一些尝试，但儒教的传入并未产生在中国、朝鲜

---

① 目前仍存在并影响世界的文明主要有中华文明、日本文明、印度文明、伊斯兰文明、西方文明、拉丁美洲文明、非洲文明和东正教文明。请参阅〔美〕塞缪尔·亨廷顿：《文明的冲突与世界秩序的重建》（周琪等译），新华出版社2002年版，第29—32页。

和越南所发展出来的制度结构,也即科举制度,并通过文人学士阶层所实施的这一制度而具体化。"① 同样,近代以来虽然中国也从日本引进和吸收了大量语言和思想方面的内容,甚至在19世纪末20世纪初有大批中国的知识精英赴日本留学,但是中国并没有像日本一样迅速完成西方化的改造成为一个资本主义国家,而是走上了一条与日本完全不同的道路,反而导致两国在近百年的历史中处于相互对立甚至战争的状态,甚至直到今天两国之间仍然存在众多相互不理解的地方。

(四)中日之间的平等与摩擦

在中国唐朝907年灭亡之后的大约五百年间,由于中国社会在大部分时间里频繁地动荡不安,以及日本在基本完成了文化与社会的塑造之后已没有那种迫切全面向中国学习的需要,在日本社会内部大约10世纪初至13世纪初的三百年间有一段将中国文化消化为本国文化的所谓"国风文化"的时代,而且日本社会也同样不断发生动荡,即古代天皇制的中央集权再次衰落,取而代之的是新兴的武士阶层,并在1192年出现了第一个武士政权。在此期间,中日之间的官方交往几乎停滞,甚至在元朝时期的1274年和1281年蒙古大军曾两次征伐日本列岛,虽时间短暂且蒙古军遭遇海上台风无功而返,但进一步导致两国关系疏远。不过,中日之间的民间交往却从未中断,而且从中国赴日进行贸易或其他交往的船只和人员也在增加,即逐渐形成了中日双方民间正常持续的一般性交往。

然而,进入中国明朝时期,中日两国官方交往再次开始,1401年日本室町幕府将军派遣使节赴明朝首都北京要求展开贸易,明朝皇帝允许其按照明制规定的所谓"勘合之制"即许可证制度展开贸易,而且明朝政

---

① 〔以色列〕S. N. 艾森斯塔特:《日本文明——一个比较的视角》(王晓山等译),商务印书馆2008年版,第266页。

府对此种贸易给予各种优惠条件，如减免关税、承担贸易人员食宿、回赠日本幕府各种物品等等。不过就在中日两国展开贸易之前不久，由于日本南北朝两个朝廷对立所造成的战乱以及对立状态结束后失败的南朝残兵败将流落海上，在中日之间的海上出现了大规模的海盗团伙和走私集团，也就是历史上所记载的倭寇。当时的倭寇从日本列岛沿朝鲜半岛自北向南屡屡袭击明代商人和居民，破坏中国东南沿海的海上运输和正常贸易，成为明朝政府的一大祸害。这一现象延续了两百多年，对中国沿海安全和中日两国的贸易都造成了长期的干扰，直至16世纪中期明朝军队才彻底肃清倭寇，中日贸易恢复正常状态。不过也是在16世纪中期，葡萄牙人在占据中国的澳门之后也开始进入日本，并且在日本形成了兴盛一时的所谓"南蛮贸易"，日本开始同西方的科技和文化有所接触。而且，在16世纪末期，中国同日本曾经甚至在朝鲜半岛兵戎相见，即1592年和1597年日本军队曾两次进攻朝鲜，当时日本的执政者丰臣秀吉曾扬言要进攻中国并迁都北京，明朝军队作为朝鲜的援军在朝鲜半岛同日军作战并最终击败了日军。

  进入17世纪，中日两国国内都先后发生了政权更替，即1603年德川家康平定日本各路武士集团后建立起了新的武士政权江户幕府，1644年在中国东北关外的清政权进入北京取代明朝成为中国新的统治者。日本江户幕府初期，采取对外比较宽松的政策，即继续同中国进行贸易，同时也同南洋以及英国、荷兰、葡萄牙等西方国家的商人进行贸易。西方的基督教等宗教也在日本开始传播，但是随后不久，幕府统治者就对西方宗教在日本的传播产生了警觉和反感，尤其担心日本西南各藩频繁与西方国家传教士的接触会导致这些藩的离心倾向。于是，幕府统治者开始禁教，即禁止外国人在日本传教，并在全国拆毁教堂和镇压教徒。从17世纪30年代开始，幕府的统治者连续颁布了五次锁国令，实行全面的闭关锁国，即不但禁止外国传教士来日，也禁止外国商人来日，甚至同时也禁止日本人出海。而与此同时，中国的清政府则仍然陶醉在泱泱天朝中心大国的观念之中，将包括日本在内的周边国家都作为自己的朝贡国家来对待，对想要进入中国的西方国家的商人或传教士也同样采取了总体上拒绝或排斥的态度，不过并没有像日本那样有官方正式的锁国令。

不过，即使在中日两国都面对西方世界实行闭关锁国政策的同时，两国之间的经济交往和文化交往也并没有完全中断。对中日两国而言，彼此毕竟有着一些特殊的关系，与其他国家并不完全一样。在清政府看来，包括日本在内的周边国家是自己的朝贡国，这些国家与那些长着黄头发蓝眼睛的西洋人的国家是不一样的，所以并不担心与自己的朝贡国进行交往。同样，在日本幕府看来，中国与其他国家也是不同的，所以即使日本实行了严厉的锁国令，但是仍然允许日本人同中国、朝鲜和荷兰的商人进行贸易，只不过不是完全自由的贸易，而是规定仅仅在长崎一地进行贸易，而且这一贸易也完全由幕府控制。

总而言之，大约从中国东汉初年中日两国开始交往到19世纪中期西方殖民者入侵东亚为止，中日有着将近两千年的交往历史，当然其间两国关系断断续续，时而密切时而疏远，既有过像隋唐时期几百年时间里那样密切频繁交往的辉煌繁荣时期，也曾有过彼此很少交往甚至还有像明朝时期的倭寇骚扰以及中日两国在朝鲜半岛上的短暂军事冲突的冷淡矛盾时期。在古代大部分的时间里，中日两国的交往是正常和平稳的，给两个国家带来了积极的影响作用，尤其中国对日本的影响更是全方位和决定性的，这一点对今天的中日关系而言也是一个积极的因素。不过，古代中日两国之间的交往，并非那种频繁而固定且有着基本交往规则的交往，即两国关系实际上处于相对隔绝和偶然接触的前近代国际关系状态，而且毕竟时间久远，对今天中日关系的影响往往不及后来距离目前更近的近代两国关系。

二、近代的中日交往

（一）中日两国国际地位的急剧变化

19世纪中期，已经完成近代工业革命的欧美国家在对非洲和拉美大部分地区进行了殖民化占领之后，其势力又开始大规模向东亚地区扩展。1840年，中英两国间因为中国禁止鸦片贸易爆发战争，腐朽的清朝军队被从欧洲远道而来的英国军队打败，作为东亚长期以来华夷秩序①中心国家的中国被迫接受战败条件，1842年与英国签订不平等的《南京条约》，同意把香港割让给英国，而且承诺开放沿海五个口岸允许英国人居住与进行贸易。随后，西方列强先后与中国清政府签订了同英国类似的条约，在中国攫取了大量利益，比如租借地、治外法权、关税权利等等。由此开始，古代东亚国际关系的所谓华夷秩序开始被打破，整个东亚被迫卷入了以西方国家为主导的近代国际关系体系之中。

在如此迅猛的殖民扩张浪潮之下，作为东亚国家的日本也同样难逃厄运。1853年6月，美国四艘军舰在舰长佩里的率领下进入距离幕府所在地江户很近的江户湾港口，要求日本幕府接受美国总统所写的国书并答应开港，但是仍然奉行闭关锁国政策的日本幕府拒绝接受并要求美国人到长崎谈判，被佩里拒绝并威胁使用武力。因为已经有了十三年前中英鸦片战争的前车之鉴，日本幕府只得被迫接受美国总统的国书并约定次年给予答复。1854年，佩里舰队再次驶入江户湾要求谈判，于是日本幕府只能同美国进行谈判并签订了《神奈川条约》，与中英《南京条约》相类似，除去

---

① 对这一秩序其实也有不同的看法，即是否真实存在和是否总是以中国为中心以及中国和周边一些国家的关系究竟是一种朝贡关系还是贸易关系等等。不过大部分观点认为，这一秩序是存在的，而且中华帝国在其中大部分的时间里处于中心地位。

没有割让领土之外，也同样被迫开放若干港口为美国船只服务，并同意美国人在日本一些地方居住和进行贸易，以及同样获得治外法权和关税制订权等特权。随后，其他欧洲列强也迫使日本幕府签订了类似的条约，并迫使日本开放了更多的港口，日本同中国一样也被迫卷入了西方近代国际关系体系之中。

然而，在同样面对西方殖民侵略及其文化冲击时，中日两国却做出了不同的应对。在刚刚被迫打开国门时，中日两国的命运相差无几，即都丧失了一些利益，也都感到一定程度的耻辱，也都想要改变这种情形。起初，日本国内也有人主张联合中国共同抵抗西方，不过当时日本已经意识到西方国家在技术、制度甚至文化等各个方面都已经超越东亚国家，日本只能以西方的方式来挽救国家和维护国家利益，但中国的清政府还仍然沉醉在天朝大国的虚幻骄傲之中，只是承认自己缺乏坚船利炮所以才打了败仗。1871年，中日两国第一次以西方国家的交往方式进行谈判并签订了调整两国关系的一份文件《中日修好条规》，其中规定两国相互开放港口进行贸易，并相互给予领事裁判权。这本来是一个比较平等的条约，但是签订之后却引起日本国内的严重不满，认为日本并没有从中国获得任何特权。于是，很快日本就试图修改这个条约并抛弃中国开始全面按照西方列强的规则来对待中国，而中国却在自己文明和西方文明的选择中不断徘徊，中日两国遂渐行渐远。

近代中日两国之所以走上不同的两条道路，当然会有很多种理解和解释，或者说也有偶然性因素存在，但是探究其深层次原因，可以说主要是中日两国对自己文化看法的不同以及某些政治文化的不同所致。具体而言，由于中国文化的悠久、丰富，中国人对自己文化的负重要大于日本人对自己文化的负重，因此中国人在接受另外一种新文化时也要比日本人缓慢得多，甚至总是有一种不自觉的抗拒心理，即使被迫接受也总是在担心失去自己文化的内核而显得极不情愿。在中日两国面对西方文明入侵的相同境况下，日本很快完成了国内的政治变革并且开始了义无反顾地全面学习西方的过程，而与此同时中国却仍然在所谓"中学为体，西学为用"的口号下开始购买西方的坚船利炮或自己开始尝试制造这些武器，但是并没有想在制度和文化上有任何变化。与此同时，在日本国内有一批知识分子完成了从东方文明向西方文明的转变，如具有代表性的人物福泽谕吉本来也是一个儒学知识分子，但是在面对西方势力及其文化强势的情况下，他虚心学习和了解了西方文明的各个方面，终于意识到西方文明是超越儒学文明的一种新文明，于是他在 1885 年写下了著名的《脱亚论》一文。在这篇文章中，他认为："我国不可犹豫等待邻国的开明来共同复兴亚洲，毋宁脱离其队伍，与西洋文明国共进退。即使对待支那、朝鲜的方式，也不可因系邻国而特别客气，必须以西洋人对待它们的方式加以处分。"[①]这一思想与日本政府的实际政策和行动相结合，很快就成为日本国民接受的思想以及日本对中国进行侵略扩张的精神武器。

　　此外，中日两国的政治体制虽然都属于东方的权威体制，日本最早的中央集权国家体制就来自于中国，但是二者在一千多年的历史发展过程中早已变得不同，中国的皇权制度几乎没有任何改变，而日本的天皇制度虽然还存在但是却早已名存实亡，被掌握实际权力的将军所取代，而且长期的幕府统治其实更像欧洲国家的分封制而不是中国式的皇帝高度集权体制。具体而言，中国的权威主义更多体现的是一种实际的权威，即观念上的权威与实际的权力几乎是完全重合的，此即所谓"名不正则言不顺"，只有拥有实际权力的权威才能维持并实施统治，其主要表现形式为长期的皇权体制和即使废除皇帝制度之后仍然需要确立真正能够控制权力的领袖人物的制度。而日本的权威主义更多体现的是一种虚幻的权威，即观念上的权威与实际权力往往并不重合，或实际权力的掌控者并不明显，此即所

---

① 〔日〕福沢諭吉「脱亜論」、『福沢諭吉全集 第 10 巻』、岩波書店、1962 年、第 240 页。

谓"有名而无实",即使拥有权威地位的人也不一定真正掌握实际权力,其主要表现形式为被日本人自己称为所谓"万世一系"的天皇制度和在日本政治运作中不断出现的所谓"短命首相"现象和"无责任体制"的现象等。

正是上述不同导致中日两国在同样面对西方殖民主义入侵时出现了完全不同的两种政治结果。中国国门被迫打开之后,丧失了诸多国家权益,清朝皇帝很快丧失了政治权威,但是并没有出现新的政治权威,辛亥革命推翻清王朝后甚至导致了更大的社会动荡,中国近代从孙中山和袁世凯的争论及其斗争开始,历经北洋政府军阀混战的局面,再到国共两党的内战,其实都是由于缺乏一个政治权威所致。从1840年鸦片战争后中国社会由于逐渐丧失政治权威而导致社会混乱到1949年中华人民共和国成立,中国花费了一百年的时间并付出了几千万人的生命代价才又重新确立起了新的政治权威。相反,日本在面临同样民族危机的时候,一个现成的虽然没有实际权力但是却一直存在的政治权威天皇成了日本适应新时代的决定性因素,在日本幕府末期掌握实际权力的将军同样软弱无能、丧权辱国导致其权力逐渐丧失时,天皇则成了日本新兴改革力量的一面旗帜,所以日本不需要重新确立一个新的政治权威,因而也没有发生剧烈的社会动荡,明治维新这场可以称得上是日本历史上最重大的改朝换代的革命,其实也仅仅用了一年多时间并以死伤不超过一万人的代价就完成了。

(二) 中日竞争与甲午战争

中日两国的不同,很快就反映在了两国的相互关系上。从19世纪中期西方列强开始侵入东亚地区以来,中日两国面对这一从未有过的历史变动所走的不同道路已经注定了两国的不同命运及其矛盾和冲突。从19世纪70年代开始,日本在完成国内明治维新的变革之后,就开始了对外用兵和扩张的过程,其最初的目标自然放在了离日本最近的琉球、台湾和朝鲜半岛上，而这些目标都涉及中国的利益。1874年，日本借口所谓"琉球事件"侵入台湾，以有利条件撤兵①，并在试图与清政府共同瓜分琉球而遭到拒绝后干脆于1879年单独出兵彻底吞并了琉球；1876年，日本以军事压力迫使朝鲜签订《江华条约》，开始否定中国对朝鲜的宗主权。这一切，实际上都在动摇中国长期以来在东亚形成的所谓"华夷秩序"。进入19世纪80年代之后，中日两国围绕朝鲜问题不断爆发冲突，先有1882年的"壬午事变"②，后有1884年的"甲申事变"③。在这两次事件中，中日两国的冲突促使日本加紧了军备步伐，日本国内的战争气氛浓厚，准备与中国就朝鲜问题不惜发动战争。

  1894年，朝鲜国内爆发"东学党起义"④，中日两国再次出兵朝鲜，并形成军事对立。后来虽然朝鲜国内内乱停止，但中日两国却在是否撤军和朝鲜国内改革问题上发生争执，日本以此为借口突然占领朝鲜王宫发动政变，迫使朝鲜新政府与清朝决裂。7月25日，对中国不宣而战，对清军的运兵船只进行海上袭击，中日战争爆发，共历时八个月，其间经过1894年9月的平壤战役和黄海海战以及1895年2月日军攻陷威海致使北洋水师全军覆没和1895年3月日军攻占辽东半岛和澎湖列岛，清政府彻底战败，1895年4月不得不按照日本提出的条件签订了屈辱的《马关条约》。这一条约的主要条款规定了中国对日本的义务：承认朝鲜完全独立；割让

---

① 日本利用琉球渔民漂流至台湾被害事件为借口出兵台湾，虽然在军事上并未占据绝对优势，但却最终迫使清朝政府官员承认日本的出兵为"义举"并获得赔款50万两白银，在琉球问题上日本占据了优势地位。
② 壬午事变指反对日本干涉朝鲜内政的一些朝鲜士兵和民众袭击日本公使馆的事件。事件爆发后，中日两国同时出兵并导致两国矛盾激化，最终以日朝之间签订《济物浦条约》，日本获得赔款和公使馆的驻军权而结束。
③ 甲申事变指日本支持朝鲜国内意图改革的开化党试图通过发动政变夺取政权，但遭到受邀出兵朝鲜的清军的镇压，中日矛盾进一步加深，最终以中日两国签订《天津条约》规定中日两国从朝鲜撤军以及以后出兵将相互事先通告而结束。
④ 朝鲜国内排斥西方影响及主张所谓"东学"并带有一定宗教色彩的政治团体所掀起的国内暴动。

辽东半岛、台湾和澎湖列岛；赔款2亿两白银；开放沙市、重庆、苏州、杭州为通商口岸，允许日本资本在通商口岸投资设厂等。后来虽然在俄国、德国和法国的所谓"三国干涉"下辽东半岛没有被割让给日本，但清政府又为此向日本多支付3000万两白银，其他条款则得以实施。

甲午战争及其结果，彻底改变了东亚国际关系的基本格局，尤其对中日两国的国际地位及其后的历史发展造成了巨大的影响。在西方殖民者入侵东方之前，东亚地区的国际关系处在以中华帝国为中心而形成的所谓华夷秩序之下。1840年的鸦片战争使作为华夷秩序中心国家的中华帝国遭受重创，欧美列强用炮舰迫使中国打开国门并丧失了诸多尊严与利益，华夷秩序开始解体，但是中国仍然是东亚国家中最强大的国家，仍然维持着摇摇欲坠的华夷秩序，与朝鲜半岛仍然保持着宗藩关系。但是，甲午战争彻底打破了以中国为核心的华夷秩序，中华帝国失去了东亚中心国家的地位，日本取代中国成为东亚的第一强国，并且在同俄国等西方列强的竞争中共同成为这一地区的主宰。正如一些中国学者所言："《马关条约》的签订，堪称东北亚近代国际关系中的大事件。以条约的签订为标志，两种国际关系体系并存的瓦解，各国关系进入新一轮的调整时期。随着清政府承认朝鲜完全独立，历时既久的宗藩关系体制崩溃，近代条约关系体制成为唯一的国际关系架构。"①

而且，"中日甲午战争暴露了大清帝国的脆弱，从而为世界列强侵入东亚提供了馋人的诱饵"②。"根据条约，日本从清国获得治外法权、关税协定权和设立租借地的权利，以及在开市和开港地的工商业、造船业等经营权，还有日本对华进口免除关税等权利。这些权利中甚至包括欧美列强都未获得的一些特权，不过对华拥有最惠国待遇条款的欧美列强很快也获

---

① 宋成有：《新编日本近代史》，北京大学出版社2006年版，第237页。
② 〔日〕坂本太郎：《日本史》（汪向荣等译），中国社会科学出版社2008年版，第422页。

得了这些权利。其结果是，日本实际上起到了列强侵略中国的先头兵的作用。"① 即使被认为属于日本右翼作家们出版的历史教科书中也认为："日清战争是进入欧美式立宪国家的日本同中华帝国的一场对决，其结果与世界的预想相反，被称为'睡狮'、国力仍然让人感到恐惧的清国却轻易败给了刚刚兴起的日本，古代东亚一直持续的中华秩序随即崩溃。其后，列强各国蜂拥而至，在中国获得了各自的租借地，建立了进入中国的跳板。"②

这场战争之后，中国成为西方列强任意欺凌和宰割的对象。腐朽没落的满清政府为了继续自己的统治，想要通过所谓"以夷制夷"的策略来抵御外国的入侵，却反而失去了更多的尊严和利益。偌大的一个帝国被包括日本在内的列强分割为不同的势力范围，这些国家不但继续大量在中国市场倾销本国企业的商品，而且开始在中国各地投资建厂，并通过经济、政治和军事手段影响和控制中国的政治。在这种情况下，中国社会已经开始的"洋务运动"③ 基本宣告破产，固有的小农经济和刚刚开始起步的民族工业也遭到毁灭性的打击，中国的近代化过程被打断，从此中国逐渐成为一个贫弱的大国，其半殖民地化进一步加剧。正像中国历史学界主流观点所认为的那样，"这是《南京条约》以来划一新时代的卖国条约，中国殖民地化的程度从此更深入一大步"④。"鸦片战争以来五十多年，各资本主义国家对中国侵略，以商品输出为主……十九世纪末，世界资本主义发展到帝国主义阶段，垄断代替了自由竞争，资本输出有了特别重要的意义。甲午战争以后，列强侵略中国，就以资本输出为主了……而中国的殖

---

① 〔日〕尾藤正英ほか「新日本史A」、数研出版、平成7年11月、183页。
② 〔日〕西尾幹二ほか「新しい歴史教科書」、扶桑社、2001年6月、219页。
③ 19世纪60年代初至甲午战争结束30多年时间里中国部分官僚所谋求和主张并付诸行动的学习西方技术和建立官办工厂的一场大规模运动。
④ 范文澜：《中国近代史》上编第一分册，人民出版社1951年版，第336页。

民地化的危机也空前加深了。"①

与中国的急剧衰落相对照,作为这场战争战胜国的日本却通过这场战争获得了巨大的利益。"与清国相反,中日甲午战争的胜利对日本产生了极好的影响。首先,日本作为现代国家的实力,得到了国际社会的广泛承认,确立了作为东方强国的地位……中日甲午战争的胜利还给国内经济带来了飞跃发展的转机。"②也就是说,日本取代中国成为东亚的强国,而且被西方列强所承认,开始进入西方列强的行列,逐步改变了自己过去同中国一样接受西方列强不平等条约的境况,反而在中国获得了超过其他西方列强的一些特权。来自于中国的2亿3千万两白银的战争赔偿甚至超过了当时日本国家年度收入的3倍,对进一步促进日本的近代化发挥了主要的作用,其中既包括对日本经济发展的巨大贡献,也包括对日本国民教育的巨大贡献,当然还包括日本进一步的扩充军备。也就是说,这场战争以及"这一条约从根本上歪曲了中日关系,对等关系变为不平等关系,和平友好一转而为欺凌与对抗"③。而且,这种不平等关系持续了半个多世纪,这场战争带来的消极影响甚至影响到了今天的中日关系。

不过,甲午战争似乎并没有严重影响中日之间的交往,甚至还从反面加快和促进了两国之间的交往。从日本方面而言,是想要进一步控制和压榨中国,并从中国获得更多的利益;从中国方面而言,则开始重新审视过去并没有被自己所重视的邻国。虽然这场战争对中国人的刺激极深,过去不及自己并向自己学习的蕞尔小国日本居然打败了自认为是天朝大国的中国,也迫使中国的知识精英开始重新认识日本和反思自己,很多人开始觉得日本应该是自己学习的榜样。于是有大批知识分子赴日本学习,日本社会对此也给予了接纳,其中不乏一些日本友人对中国社会的同情,帮助中

---

① 范文澜:《中国近代史》上编第一分册,第297—300页。
② 〔日〕坂本太郎:《日本史》(汪向荣等译),第422—424页。
③ 宋成有:《新编日本近代史》,第237页。

国知识精英们试图改造中国。因此，当时中国大部分的知识精英都对日本抱有好感，不但希望通过学习日本拯救自己的国家，甚至还希望中日两国联手共同抵御西方国家。例如，在面对1904年2月至1905年9月发生在中国东北和日本海上的日俄战争，大部分的中国知识精英几乎都站在日本一边，为日本的胜利和俄国的战败而欢呼，认为这是黄种人对白种人的第一次胜利。

（三）中日的全面对抗与战争

然而，中国人对日本的好感并没有持续很久，因为日本政府并没有联合中国共同抵抗欧美国家的意愿，日本政府只是想在中国获得更多的利益，甚至想要排斥欧美列强独占中国。1915年1月，日本政府提出了著名的对华"二十一条"，其中就山东问题、满蒙问题、东北铁路及港口、聘用日本顾问及承认日本在华特权等非常苛刻的条件要求中国的北洋政府接受。北洋政府虽然同日本进行了讨价还价，并故意将"二十一条"的部分内容透露给媒体希望引起其他列强干涉，为此中国国内也曾发生针对日本对华政策的示威游行，但是最后北洋政府还是在日本的压力之下接受了其中大部分的条款。对于那些过去曾经对日本抱有幻想的中国知识精英来说，"二十一条"充分暴露了日本政府想要完全控制中国并把中国变为日本的附属国的野心，这无异于要灭亡中国，于是中国的大部分知识分子精英开始对日本感到失望甚至仇视，这一情绪也很快影响到了一般民众。从此，日本政府依据在中国获得的特殊权利及其实力地位继续进一步对中国进行渗透和肢解，而大部分的中国人则越来越反日甚至仇日，以致两国关系进入了一个干涉与反干涉及相互越来越不信任甚至仇视的恶性循环的怪圈。

正是中日双方这种恶性循环的不断升级导致两国之间不断发生事端。1931年9月18日，驻扎在中国东北沈阳附近的日本关东军故意炸毁一小段铁路并嫁祸于中国军队，以此为借口开始大规模向中国军队进攻，并且在不到五个月的时间里占领了中国东北全境，随后在长春扶植起了"伪满洲国"傀儡政权。日本的这一行为无疑是对 1921 年华盛顿会议上所确立的华盛顿秩序的挑战，因此遭到美国的反对并受到国际联盟的谴责和制裁，国际联盟甚至派出调查团赴中国东北进行实地调查，但是日本仍然我行我素，并于 1933 年宣布退出国际联盟。而在中国国内，要求收复东北和进行抗日的反日运动越来越成为当时社会的主要政治潮流。

然而，日本军部的侵华战略却丝毫没有减弱，从 1933 年起日本军队又不断地从中国东北地区进入山海关内，不断挑动华北自治，试图进一步肢解中国，并且在 1935 年策动河北省北部建立所谓冀东防共自治政府脱离中国国民政府的统治，造成中日关系的进一步紧张。1937 年 7 月 7 日，日本华北驻屯军在北京近郊卢沟桥附近进行军事演习，其间同驻守卢沟桥宛平县城的中国军队发生摩擦，双方发生武装冲突，这就是历史上著名的"卢沟桥事变"。而且，这场冲突爆发之后，中国国内酝酿已久的反日抗日情绪迅速传遍全国，中国军队也一改过去对日忍让的做法，开始奋起抵抗，日本政府也迅速动员大量兵员赶赴中国战场，并且在 8 月 13 日同时进攻中国上海，中日冲突很快演变成了中日之间的一场全面战争。

由于当时中日两国国家实力对比的巨大差距，日本曾妄言要在三个月之内灭亡中国，而实际上中国采取以空间换时间的战略，步步抵抗消耗敌军，虽经不到半年时间日军就攻占了当时中国的首都南京，但是却没有让中国屈服，反而更进一步激起更多中国人的抗日决心，再加上美国、苏联等国家的国际援助，大量日军被牵制在中国战场上难以自拔。直至 1941 年 12 月太平洋战争爆发，中国的抗日战争也成了第二次世界大战的一部分，中国同美、英等国结成同盟共同对日作战，终于在经历了八年全面抗战并做出巨大牺牲之后于 1945 年 8 月打败日本法西斯，取得了这场战争的胜利。

毫无疑问，中国是最早抵抗日本法西斯侵略的国家，同时也是亚洲战场上做出牺牲最大和损失最为惨重的国家。按照目前一般的说法，中国在那场战争中共伤亡军民3500万人，其中牺牲人数2100万。"中国是抗击日本侵略的一个主战场，中国人民为世界反法西斯战争的胜利承受了巨大的民族牺牲，做出了杰出的历史贡献。中国在八年抗战中牺牲了2100多万人，财产损失和物资消耗1000亿美元以上。"① 也就是说，中国战场作为第二次世界大战中亚洲战场的一个部分，牵制和消耗了日本陆军的相当一部分力量，为最终打败日本法西斯做出了巨大的牺牲和贡献。而且，这场战争也是近代以来中国在同日本的多次冲突和战争中第一次取得胜利的战争，同时也意味着近代以来中日两国的力量对比和基本关系有可能再次发生逆转。

　　总而言之，近代中日两国的交往，是在面对西方入侵并从根本上改变东亚旧有国际关系结构的情况下开始的，由于两国国内的不同政治状况和不同的应对方式，中日两国在面对同样境况的情形下走上了两条完全不同的道路。从19世纪中期到1945年第二次世界大战结束的差不多一百年时间里，尤其是从甲午战争到抗日战争结束整整五十年的时间里，中日两国基本上处于摩擦、对抗甚至兵戎相见的状态中。这段历史虽然比中日古代交往的历史要短得多，而且也早已成为过去，但是在中日两国国民的历史记忆中却仍然没有散去，直至今天都对两国关系乃至国民感情造成了消极负面的影响，尤其是战争期间所发生的诸如"南京大屠杀"这样的一些历史事件，更是给中国国民的对日感情造成难以消除的负面影响，甚至在战争已经过去70年的今天还常常成为两国关系中难以回避的话题。

---

① 徐天新等主编：《世界通史（现代卷）》，人民出版社1997年版，第605页。

三、战后的中日交往

(一) 中日"民间外交"的展开

战后的中日关系，终于结束了近代殖民主义时代那种侵略与被侵略的关系，有可能在新的时代和新的平等基础上建立一种新的关系。但不幸的是，1945年战争结束之后不久，在战胜国之间就爆发了新的冲突，即出现了东西方两大集团的冷战，二战中的主要盟国美国和苏联分别作为东西方集团的核心国家处于军事和意识形态的全面对抗状态。与此同时，作为二战胜利国之一的中国国内爆发了国共两党的内战，并且最终导致中国国内政权更迭与两岸的分裂和对立，中国大陆的共产党政权与苏联结盟成为东方集团的一员，而败退台湾的国民党当局仍然作为美国的盟友成为西方集团的一员。

日本作为战败国虽然受到了应有的惩罚，即日本战败后盟军对日本的军事占领以及对日本的非军事化和民主化改造，但是这一惩罚和改造其实都是在美国的主导下进行的，而美国为了应对同苏联的冷战以及对中国局势的担忧，在1948年之后就基本停止了对日本的惩罚和改造，反而采取扶植日本的政策并计划将日本打造成东亚的一个反共堡垒。而且，就在1950年6月朝鲜战争爆发之后不久，在美国的主导下，在排斥中国参加的情况下，召开了旧金山对日和会，最后签订了《旧金山和约》，日本由此获得独立。

对于重新进入国际社会的日本来说，如何处理好中日关系当然是其必须要面对的一个外交课题，但是当时的日本却面对着需要选择北京还是选择台湾的问题。也就是说，在对待中国的问题上，日本政府处于两难境地：如果承认北京，势必遭到美国和台湾的反对，而日本根本不可能不顾及美国的意向，也不可能完全不顾及台湾的感受；如果承认台湾，势必就会恶化同北京的关系，而北京才是真正控制中国绝大部分领土的合法政府，只有同一个实际上的政府建立起正常的外交关系，才可能说真正结束了近代以来中日两国不平等或不正常的关系，从而建立起两国间真正平等的新关系。

还在《旧金山和约》生效之前，日本首相吉田茂就在日本国会质询时表示："现在日本具有选择和谈对象的权利，行使这一权利时应该考虑客观需要和中国形势，而不应轻率决定日中关系。"① 可见，日本政府仍然在犹豫究竟要选择哪个政权进行谈判。但是，日本政府的这一动向很快引起了台湾和美国的注意，台湾要求美国干预此事，美国也以其参议院不批准和约来威胁日本，并且在1951年12月派出杜勒斯作为美国总统特使飞到东京向日本政府施压。最终，日本吉田茂政府在美国的压力下决定选择台湾，并以吉田茂的名义寄给美国政府一封被称为"吉田书简"的信函，其中明确表明日本将同台湾建立全面关系并承诺绝不同中共政权建立关系，该信函于1952年1月16日在华盛顿和东京同时发表。

随后，日本向台湾派出了和谈代表团，双方代表经过两个多月的谈判，台湾方面为了要求日本承认台湾仍然对大陆拥有主权而在战争赔偿问题上不得不做出让步，放弃了对日战争索赔的要求。1952年4月，双方签订了《日华和平条约》（即《日台条约》），其中主要就结束战争状态，日本放弃台湾、澎湖列岛等处及近代以来在中国所获各种特权等内容达成一致，日本最终选定台湾作为中国的代表开始发展关系。

可想而知，对于日本选择台湾发展关系，中国政府立即发表声明进行谴责，但是考虑到中日关系的重要性，也希望能够保持同日本的关系，中国政府在声明中表示：中国人民是愿意同日本人民友好的，日本人民也是

---

① 吴学文等：《当代中日关系》，时事出版社1995年版，第11页。

愿意同中国人民友好的，这两者就是中日友好关系的基本条件。面对如此的现实，中国政府开始选择其他路径，即利用日本国内一些对华友好的人士，积极促进中日两国的"民间外交"。

所谓"民间外交"，当然并非真正意义上两国官方确认的正式外交关系，但是由于中日两国自古以来就有着千丝万缕的联系，即使在近代两国摩擦对抗、兵戎相见时，两国的民间仍然存在各种广泛的联系。正因为如此，中国政府才有可能利用这种本已存在的民间渠道，使两国关系在暂时没有正式外交关系的状态下也不至于完全中断，通过民间的经济、文化交流来改善关系，并最终促使两国政治关系的改善。

也就在《日台和约》签订的同时，参加莫斯科国际经济会议的几名日本国会议员接受中国政府的邀请访问了中国，这是中华人民共和国成立之后日本国民的首次来访。访问期间，这些日本议员同中国贸易促进委员会共同签署了一份《中日民间贸易协定》。该协定虽然并非官方签订，而且规定的贸易额也并不大，但是却意义重大，使得两国之间的所谓民间外交有了实际的内容。其后，在20世纪50年代，中日两国以同样的方式一共签署了四次《中日民间贸易协定》，而且双方在小规模展开贸易的同时，文艺、体育、学术交流、日本议员访问等各种交流活动也逐步展开，甚至双方还利用各自的红十字会和日中友好协会处理了一些带有半官方性质的事务，比如在50年代共使因各种原因滞留在中国的近四万名日侨归国，其中甚至还包括有一千多名被释放的日本战犯。到了60年代，甚至有一段时间中日民间外交本身也具有了半官方的性质，即1962年10月日本前通商产业大臣高崎达之助率领大批日本企业家访问中国，其间同时任中共中央统战部副部长和国务院外事办公室副主任的廖承志签订了《中日民间贸易备忘录》(也称《LT贸易备忘录》)，其中不但确立了扩大两国贸易的原则，而且双方还同意在对方的首都设立贸易代表机构。

当然，在冷战状态下的中日民间外交，也曾遇到各种干扰。例如，

1957年至1960年日本岸信介政府期间,岸信介的反华政策导致两国民间外交曾一度中断;1964年至1972年日本佐藤荣作政府期间,佐藤荣作的反华政策以及中国国内的"左"倾极端政策导致中日民间外交没有能够按照所预定的内容和规模进行。不过,中日之间这种独特的民间外交方式为当时没有正式外交关系的两国交流提供了一个渠道,使两国关系不至于完全中断,并为后来两国官方关系的建立奠定了基础。正是由于存在这一民间外交,所以才在日本培育了一批对华友好的人士,这些人在后来中日邦交正常化的过程中发挥了非常积极的作用,同时也使得后来几十年日本政府的对华友好政策有了坚实的基础。

(二) 中日邦交正常化及其两国关系的全面发展

20世纪70年代初,中国的外交环境有了巨大的改善。先是在1971年7月15日中美两国代表经过秘密会谈之后突然发表公告,向世界宣布美国总统尼克松将访问中国,并在第二年2月尼克松如约访问中国后双方发表《中美上海公报》,中华人民共和国成立以来中美一直敌对的关系终于开始解冻。此外,在1971年10月的第26届联合国大会上,中国大陆取代台湾进入了联合国并成为安理会常任理事国。这一切都促使中日关系发生变化。尤其是,美国对华外交的变化导致日本佐藤政府处于非常尴尬的地位,过去长期以来对中国在政治上采取敌视政策的佐藤政府面临日本国内越来越多的指责,日本国内组成了众多促进中日邦交的团体,一些在野党也先后频繁访问中国,谋求中日关系的改善。在这种内外压力之下,佐藤政府终于被迫在1972年6月宣布辞职,随后在7月上台的田中角荣政府则将实现中日邦交正常化提上了外交议程,中国政府也公开表示欢迎田中内阁成立并赞赏其推进实现中日邦交的政策。

在此前后频繁访华的日本各团体和在野党代表团,其实已经在为实现中日邦交正常化积极奔走。1971年6月,日本公明党代表团访华期间,同中日友好协会发表联合声明,其中提出了中国方面实现两国邦交正常化的各项条件,后来这些条件中的部分条件就形成了中国政府著名的"复交三原则":(1)中华人民共和国是代表中国人民的唯一合法政府;(2)台湾是中国的一个省,是中国领土不可分割的一部分;(3)《日台条约》是非法的,必须废弃。而且,这些原则得到日本社会各界越来越多的认同,甚至日本执政党自民党中的一些派系首领也表示赞同,日本新首相田中角荣在公开场合对这些原则表示充分理解。

在中日两国政府的积极推动下,中日邦交正常化的各项工作也在稳妥地取得进展。1972年7月,日本公明党委员长竹入义胜访问中国,其间同中国总理周恩来就田中访华及两国联合公报的主要内容进行会谈,会后根据竹入义胜的笔记形成了著名的"竹入备忘录",其中主要就结束两国战争状态并建立外交关系、反对霸权主义、缔结和平友好条约及其他协定、中国放弃对日战争赔偿要求权利等内容表达了中国方面的要求。"竹入备忘录"后来经日本政府研究后表示基本同意,于是田中角荣在取得美国同意并派出特使安慰台湾后终于决定访问中国并最后完成中日邦交正常化。

1972年9月25日,日本首相田中角荣与外相大平正芳等日本官员一行启程访华,出发前日本在野党领导人及各界代表都前往机场送行,出现了少有的超党派共同欢送的盛大场面,说明田中政府谋求实现中日邦交正常化的政策得到了日本各界的欢迎。在北京机场,田中等人同样受到中国方面的热烈欢迎,中国总理周恩来亲自去机场迎接,并举行盛大的欢迎仪式。然而,中日两国毕竟长期没有正式的外交关系,两国关系中所遗留的问题也并非已经完全解决,所以在两国的建交谈判中,仍然出现了一些问题。这些问题主要有如何表述战争状态结束、《日台条约》是否有效、是否写入反霸权条款等。即日本认为两国的战争状态早在1952年同台湾的和约中就已经结束,因此不同意如此表述,而且并不承认《日台条约》是无效的条约,也不愿意将反霸权条款写入声明。但双方代表经过艰苦的谈判，相互做出妥协，终于找到了双方都能够接受的表述或处理。（声明起始以"不正常状态"代替了"战争状态"，决定在《联合声明》中不涉及《日台条约》，而留待声明发表后通过口头方式予以废除，并将反霸权条款写入了声明中。）9月29日，双方终于完成谈判，签订了《中日联合声明》，完成了邦交正常化，随后日本外相在北京召开记者招待会，宣布《日台条约》将不再维持。

中日邦交正常化的完成，真正改变了近代以来中日关系不平等和不正常的关系，从此开辟了两国关系的新篇章。随后，按照联合声明的规定，中日双方先后签订了《中日贸易协定》《中日航空协定》《中日海运协定》《中日渔业协定》，两国关系开始大规模全面的发展。1978年8月，中日两国又经历艰苦的谈判，即主要围绕反霸权条款是否写入条约中而导致谈判被搁置很久之后，终于签订了《中日和平友好条约》。随后，中国副总理邓小平作为战后第一位中国国家高层领导人在1978年10月访问了日本，将当时的中日关系推向了一个高潮。而且，随着20世纪80年代中国的改革开放，中日两国的交往更加频繁和密切，中日两国政府和民间都是一片友好的气氛，彼此在外交和安全上有着大致相同的利益，即都面临着来自北方的威胁，在经济上有着高度的互补性，即日本需要中国的能源和市场，中国需要日本的商品、投资、技术以及援助，在文化上的相互亲近感更使得中日两国的和平友好成了当时的主流声音，为此两国首脑互访几乎成为两国不成文的惯例，民间的各种交流也开始越来越多。当然，在80年代两国关系全面发展的时期，其实也已经开始出现一些矛盾和摩擦，比如1982年和1986年的两次"教科书事件"、1985年的"参拜靖国神社问题"、1987年的"光华寮事件"和80年代开始出现的"中日民间赔偿问题"等等。不过，由于当时中日两国有着广泛的共同利益，所以这些问题的出现并没有从根本上动摇中日关系的利益基础，两国政府都能够尽可能低调和善意地对待和处理这些问题。

（三）冷战后的中日关系

20世纪80年代末的北京政治风波以及东西方冷战的结束，极大地影响了中国同整个西方国家的关系，当然也同样影响了中国和作为西方国家一员的日本之间的关系。苏联解体之后，中国作为世界上最大的社会主义国家开始成为西方国家的主要关注和想要改变的对象。1989年北京政治风波之后的一段时间，西方国家也都在不同程度地制裁中国。不过，由于日本紧邻中国且中日两国70、80年代友好合作关系自身的历史惯性仍然存在，所以尽管日本也多多少少对中国的行为表示了一些关注或不满，但是这些重大事件或重大变化并没有立即严重影响中日关系，甚至在日本首先打破西方国家对中国的外交封锁后于1992年实现了中国最高领导人访日和日本天皇访华的友好高潮。

然而，冷战的结束这一重大变化实际上已经开始深刻影响到了中日关系，大约从20世纪90年代中期开始，双方的关系发生了一些结构性的变化。也就是说，首先，苏联解体以及俄罗斯分别同中国、日本关系的改善使得过去构成中日两国共同安全利益的基础在弱化，反而由于90年代后出现的朝核问题和中国的多次核试验以及台湾海峡危机的出现，以及美日同盟关系的强化，中日两国开始产生相互安全上的疑虑，中日关系中出现了一定程度的"安全困境"。

其次，也是从90年代中期开始，中日经济上的实力对比发生巨大变化，中国经济高速增长，与日本的经济差距迅速缩小，甚至在十几年后的今天已经在经济总量上超越日本成为世界第二大经济体，而日本却在90年代初期泡沫经济崩溃之后至今都没有彻底走出经济衰退。此外，中日经济关系的规模虽然在持续扩大，但是彼此的互补性却相对在下降，而竞争性则有所增加。

再次，90年代中期后两国新的国家发展目标也成为加剧相互疑虑的重要因素。中国通过经济发展全面提升国力想要实现"振兴中华"的宏伟目标，这其中充满了一种大国情怀，而日本却想要通过改变国内政治和增进国际政治中的政治权力来实现"普通国家"的发展目标。也就是说，90年代中期后的中日两国都同时正在成为一个综合性的强国，两国强强并立的这种局面在东亚地区的历史上还是首次出现。而位于缺乏地区主义和地区合作传统的东亚地区的中日两国基本上还是按照国家主义和民族主义的思维来看待这一新变化，还没有学会如何处理这种新型的双边关系，反而在政治上双方都显得不再宽容，一有争端就相互指责，而且这些指责又往往不是在一个对话平台上。

最后，中日政治关系的紧张以及两国国内的一些政治和社会变化，也导致了中日两国国民感情的恶化。根据近几年来双方的多次社会舆论调查，两国民众中对对方具有好感度的比例都仅仅在10%上下，而对对方没有好感度的比例都高达90%上下。对此，虽然中日两国政治领导人也在努力寻找两国关系新的共同利益基础，如1998年曾宣布建立"面向21世纪致力于和平与发展的友好合作伙伴关系"，但是这一努力并没能阻止中日关系在2001年后的五年多时间里由于日本首相参拜靖国神社问题而带来的严重恶化，甚至引发双方在其他历史问题和东海问题上的摩擦。2006年双方又宣布建立"战略互惠关系"，并且经过所谓"破冰""融冰""迎春""暖春"等多次首脑互访不断具体地充实了这一关系的内容，2008年双方首脑又签署了《中日关于全面推进战略互惠关系的联合声明》，但是双方的这些努力更多的只是提出一些目标和原则而已，中日关系仍然没有像20世纪90年代之前那样能够寻找到比较坚实的共同利益基础。

在这种结构性矛盾的大背景之下，中日关系显得极其脆弱，出现了许多问题。其中有些是过去就已经存在的问题，如历史认识问题、钓鱼岛领土争端、台湾问题等，这些问题在新形势下有所激化；而有些问题则是新问题，如海洋划界争端、美日同盟的强化与扩大等。在这些问题中，领土和海洋争端以及美日同盟的强化成为目前影响中日关系最主要的问题，例如目前的钓鱼岛争端问题，因为这些问题涉及双方最敏感的安全问题和实际的利益问题，而不像历史认识问题那样，虽然长期得不到解决且屡屡伤害彼此国民的感情，但真正为此发生直接武力冲突的可能性并不大。

2012年9月爆发钓鱼岛危机以后的两年多时间里，中日关系又一次处于危机时期，双方各不相让，不断在海上和空中出现紧张状态，围绕这一问题双方政府和民间也不断地有一些刺激对方的语言或行动，甚至给外界的感觉是双方在钓鱼岛海域有可能发生军事冲突。为此，中日两国不但完全中断了首脑会晤，甚至经济、文化等民间交流关系也受到了影响。不过，毕竟目前的时代不同于殖民主义时代，也不同于冷战时代，和平与发展是中日两国的共同需要和追求，双方的实力对比也不允许双方发生武力冲突，何况钓鱼岛争端也并非中日关系的全部，两国关系中仍然存在着一些共同或相同的利益，比如经济文化的交流、环境保护和应对气候变化、一些地区乃至全球性问题的共同应对与解决等等。所以，我们看到，中日关系的恶化趋势终于在2014年11月得到了遏制，即中日两国经过谈判，达成了四点共识并实现了首脑会晤。这四点共识是：（1）双方确认将遵守中日四个政治文件的各项原则和精神，继续发展中日战略互惠关系；（2）双方本着"正视历史，面向未来"的精神，就克服影响两国关系政治障碍达成一些共识；（3）双方认识到围绕钓鱼岛等东海海域近年来出现的紧张局势存在不同主张，同意通过对话磋商防止局势恶化，建立危机管控机制，避免发生不测事态；（4）双方同意利用各种多双边渠道逐步重启政治、外交和安全对话，努力构建政治互信。其中尤其是关于建立危机管控机制的共识，大幅度降低了中日两国发生武装冲突的概率，使中日关系不至于更加恶化。当然，要最终解决问题和使中日关系完全走出困境，还需要从根本上消除中日关系中的结构性矛盾，寻找和扩大现有利益，增加中日两国作为大国对地区所应该承担的共同责任。

总而言之，战后的中日关系，断断续续，起起伏伏，时好时坏，其中既存在共同利益，双方也具有合作的意愿，同时又存在难以克服的矛盾和双方走向冲突的可能性。因此，目前的中日关系需要中日两国政府和国民认真对待，共同探讨如何走出目前困境的方式和途径。

第二章
日本人的中国观

如前所述,中国与日本之间的交往已经大约有两千多年的历史,在此期间双方关系既有好的、积极的一面,同时也有不好的、消极的一面。其中好或者不好,虽然原因多种多样,但是彼此的观念对中日关系的塑造极其重要。尤其对于日本而言,在与中国漫长的交往历史中,如何看待和处理同中国的关系,始终是一个不能回避的问题,而且往往会影响到彼此的命运。因此在本章,我们将重点考察在中日两国的交往过程中,日本人是如何看待中国以及中国人的,即日本人的中国观是什么样的以及如何变化和为什么变化的。当然,日本社会像其他社会一样,并非是一个简单的平面存在,而是一个立体多元和多层面的社会,每一个日本人都可能会有一种对中国的看法,我们这里所讲的只能是在某一个时期日本社会中与中国有交往或占据日本社会主导地位的某一个阶层所代表的日本社会主流层面上的那些对中国的观念。而且,由于古代和近代相对于战后时间跨度较大且距离现在比较久远,所以可能更难把握那时日本人对中国以及中国人的看法。因此,对于古代和近代日本人的中国观就描述得比较简单,而对战后以来日本人的中国观则相对要更细致具体且更有说服力一些。

一、古代日本人的中国观

　　所谓古代日本人的中国观，其实还不如说是日本人对大陆上不断更替的不同朝代的观念，因为那时并无强烈的国家概念，大陆上朝代的不同自然使得日本对各个不同朝代的感受也不完全相同。同时，古代大部分的时间里中日之间并无大规模的民众交流，因此谈不上日本整体民意对中国的整体国家观，当时日本人的中国观也只能体现在当时日本社会中的官员和知识精英等人身上。

　　从最早中日两国的交往历史来看，中日两国的文明程度有极大的差距，日本文明的起点要远远落后于中国，所以在中国隋唐之前的日本人对中国充满了神秘的崇拜感和敬畏感，而且那时还谈不上人员大规模的交流，能够与中国发生关系或能够来到大陆的人，一般也都是在日本正在形成统一国家过程中那些分布在列岛各地的不同国家中的上层阶级人士，他们往往来到大陆寻求当时中国王朝的赏赐和分封，这样会有助于他们的财富积累和权力集中。例如，前述东汉光武帝时期位于日本列岛的某一小国前来朝贡并被赐予金印的记载，以及三国时代魏明帝时期日本列岛上的邪马台国女王派遣使者拜见中国皇帝并被赐予"亲魏倭王"金印的记载等，都说明了当时正在形成一个统一国家过程中的日本对中国充满崇拜和敬畏的一般性看法。正是在这一崇拜和敬畏的过程中，日本文明吸收了大量中国文明的内容，形成了早期的日本文明，甚至在很大程度上塑造了古代的日本文明。直至今天，日本人也不能不承认这一点，即使对中国不那么友好的日本人，也一般可能只是不喜欢今天的中国，而会对中国古代的文明充满敬意，因为中国文明中的很多内容就是日本文明的源头。

　　到了中国的隋唐时代，那时的日本已经形成一个统一的国家，但是其国家形态、社会发展、技术条件等各个方面仍然相对落后，于是日本人开始大规模地奔赴中国大陆学习各种知识和技术，当然被派往中国学习的也都是构成当时日本社会中坚的一些官员和学者、僧侣、工匠等。在这一过程中，这些日本人对中国的崇拜感和敬畏感达到了顶峰，因为他们不但体会到了隋唐王朝的强大和开放，同时也体会到了隋唐王朝的富足与繁荣。正是在这一时期的几百年中，日本人全面地学习和模仿中国，不但按照隋唐的政治模式塑造了自己天皇制的中央集权国家政治模式，而且在文字、儒学、文学、艺术、建筑、宗教等各个方面都全面向中国进行学习和模仿。

不过，即使在日本人总体上崇拜、敬畏、学习和模仿中国的同时，也有些当权者还有着羡慕和觊觎甚至挑战的心理，这可能是政治人物追求扩大政治权力的本性所导致。例如，在日本天皇致隋朝皇帝的信函中，就先后出现过所谓"日出处天子致日没处天子"和"东天皇致西皇帝"等说法，据说还曾引得隋朝皇帝大为不满，可是对此鞭长莫及也无可奈何。从日本当权者的角度来说，虽然他们也知道中国要比日本发达和强大得多，但是他们既想要享受来自于隋唐的各种恩惠和利益，又竭力想要摆脱以中国皇帝为中心形成的所谓华夷秩序的束缚，尤其日本游离于大陆之外的岛国地理特性更增强了日本对于强大中华帝国的这种若即若离的特性。

隋唐之后直至近代，中国社会在大部分时间里再次陷入动荡时期，后来的文明再也没有像隋唐那样开放与辉煌，而且中日之间的文明差距也进一步缩小，日本国家的整体塑造过程告一段落，从中国吸收的文明内容已经逐渐物化为自己的文明内容，所以日本人对中国的观念也发生了一些微妙的变化，即对中国仍然崇拜或者欣赏，但似乎已经不再敬畏，学习和模仿的积极性也不像隋唐时期那样迫切。尽管来自于中国的儒学等文明仍然是日本上层官员和知识精英修身养性乃至治国济世的重要手段和内容，但此时的日本人已经将那些来自于中国文明的内容彻底吸收消化为己所用并逐渐将其改造变成了自己的东西，甚至有些内容在原产地的中国已经渐渐消失而在日本却得以发展，最终成为日本的核心文化，甚至还有些学者对儒学等中国的学问提出批评或加以改造。在政治上对中国的观念则更为抵触，完全没有了敬畏的观念，这不仅仅是因为中日两国的文明程度和实力对比已经逐渐接近或至少没有像隋唐之前那样大的差距。日本不愿对中国称臣，还有一个原因就是，在一些日本人看来，所谓"崖山之后，已无中国"，即1279年元朝军队在崖山之战中彻底消灭南宋政权，此后中国的政权已经不再是日本人崇拜和学习的中国，蒙古人建立的政权没有被认为是过去中国的延续。后来虽然明朝又恢复了以汉族为主的中华帝国政权，但是那时日本列岛上的社会发展已经越来越接近中国社会，二者之间并无明显的巨大差距，所以对日本人而言，对当时的中国已谈不上有多么敬畏。

总体而言，在整个古代时期，日本人的中国观基本上是一种仰视的观念，即以崇拜、敬畏和学习、模仿为主，其中尤其以当时日本的社会知识精英为主，而且在隋唐时期达到顶峰。当然，对于处于权力顶峰的当权者来说，任何时候都想挑战比自己更高的权力，不过古代日本的当权者仅有的几次对中国皇权的挑战却从未成功，所以这些试图挑战中国的日本当权者们其实对中国也是充满崇拜或至少是羡慕的。但是，随着中日两国社会的不断变动以及相互差距的逐渐缩小，日本人在隋唐之后对中国的这种崇拜感是逐渐减弱和下降的。

二、近代日本人的中国观

19世纪中期开始的日本近代历史，对日本人而言是一段既辉煌又耻辱的历史。之所以存在这种相互矛盾的心理，与日本如何看待及如何对待中国有关。也就是说，通过近代以来日本人的中国观，基本上就可以追寻到日本近代的历史。

本来，在近代之前长期的历史过程中，日本在与中国的交往中，在各个方面基本上都处于相对劣势的地位，而且在西方国家未进入东亚之前，中国一直作为东亚的中心国家而存在，对于日本而言，中国就是其最为崇拜或羡慕并通过各种方式努力去学习和模仿的国家。但是，随着西方殖民国家开始大规模侵入东亚地区，一种新兴的国际交往模式及其文明对整个东亚造成了剧烈的冲击，中国的国际地位开始下降甚至几近崩塌，随之日本人的中国观也开始发生变化。

最初，在中国经过鸦片战争被迫打开国门之后，作为中国邻国的日本，其实同中国有着大致相同的感受和命运，当时日本的大部分官员及社会知识精英也担心西方列强以同样的方式对待日本，所以对邻国中国基本上是一种同病相怜和同情的感觉。但是，很快日本也被西方国家用坚船利炮打开国门，只不过没有像中国一样经过一场战争被打败之后才不情愿地打开国门。在这一从未有过的冲击和动荡过程中，日本人首先是看到中国这样的东亚大国在面对西方列强入侵时，总是不断地失败和不断地丧权辱国，与过去日本人观念中的中国形象大相径庭，而且发现和接触到了一种过去从未有过的新文明，这些都迫使日本人开始思考和准备重新接受这种新文明，所以渐渐对中国失去了过去的那种崇拜感，并且很快由同情变得开始蔑视中国。

如前所述，在日本江户幕府时代，日本实行闭关锁国政策，禁止一切海外往来，仅在长崎一地允许中国、朝鲜和荷兰的商船进行一些有限的贸易。正是通过这个窗口，日本继续保持同中国的交往，同时也通过同荷兰的交往了解西方的一些信息。因此，中英鸦片战争及其结果很快被日本幕府所获知，过去心目中的天朝大国中国的失败对当时的日本社会带来了巨大冲击，将军幕臣、各藩藩主以及知识分子一时间议论纷纷，分析中国之所以失败的原因并汲取教训。幕府重臣胜海舟认为"邻国之事也是我国之鉴"①；幕府直属领地水户藩主德川齐昭则主张全力进行武力整备，他们认为："清国自称华夏，把外国视为禽兽。然而这些国家机智敏捷、机器出色，清国却没有任何防备。外国乘船海上纵横，清国反受它们凌辱。"②与此同时，幕府为了调查中国的实际状况，于1862年派出高杉晋作等人乘坐"千岁丸"号渡轮到中国上海。高杉等人在上海逗留了两个多月进行实地考察并做了详细记录，返回日本后将中国情况报告给幕府。在记录中有如此的记载："上海码头的商船、军舰数以千计，密密麻麻的桅杆排列得像森林一样。"③然而，"走访中国居民时发现大部分是贫民，住所极其脏乱"④。"上海城市的环境很差，中国人对外国人表现出奴性的态度，若马路上有英法人迎面而来，他们都选择退让到一旁。"⑤总之，"千岁丸"号带回日本的中国现状是一个正在被西方列强压迫和已经贫困不堪的弱国形象，这一新的看法完全颠覆了过去日本人对中国的认识，同时也使日本社会产生了一种强烈的危机感，越来越多的人担心日本也会在西方国家的入侵面前成为像中国一样的国家。

1867年日本明治天皇即位后，在日本西南诸藩反对幕府力量的支持下很快打败幕府军队，迅速完成了日本国内的政权更迭和新政治权力的建立，并确立基本国策为全面向西方开放和学习，走富国强兵的道路。在面对中国时，当时的日本社会曾出现过分歧：一部分人认为中国的国力已经大不如前，日本也应该参与到西方列强侵略中国的行列中；而另一部分人则仍然对中国有着传统的感情从而对中国充满同情，提出中日两国应该相

---

① 〔日〕勝海舟「開国起源」、勝海舟全集刊行会『勝海舟全集 第二巻』、講談社、1973年、第4331頁。
② 〔日〕藤間正大『近代東アジア世界の形成』、春秋社、1977年、第60頁。
③ 〔日〕高杉晋作「遊清五録」、東行先生五十年祭記念会編『東行先生遺文』、民友社、1961年、第76頁。
④ 同上书，第104页。
⑤ 同上书，第109页。

互提携联合抵抗西方的入侵。例如，1881年日本自由民权派出版发行的《近时评论》和《东洋自由新闻》，就坚决反对日本政府采取对中国的敌对行为，认为中日两国应该共同联合抵抗西方列强。不过，由于中国近代化的进程过于缓慢，主张中日提携的日本学者也渐渐放弃了联合中国的主张，开始主张抛弃中国或者促使中国内部变革，甚至也越来越蔑视中国和赞成日本同西方国家一样去侵略中国，从中国那里获得利益。

反映日本社会从对中国同情并主张联合中国到抛弃中国或者蔑视中国转变最具有代表性的学者及其思想就是福泽谕吉及其"脱亚论"。在幕府末期，年轻的福泽谕吉曾到访欧洲，开始接触到西方文明，他在明治初期出版的《劝学篇》《文明论概略》等著作中，明确主张应该废除旧有的文化传统和制度，必须引进新的西方文明，认为必须改革日本社会，否则日本将无法生存于现代世界。其实，福泽同当时绝大部分日本的知识分子一样，从小以学习汉学、朱子学为主要内容，对中国怀有一种亲切感和崇拜感，直到19世纪60年代日本明治维新之前，应该说福泽一直持有这样的中国认识。但是，随着日本明治维新的成功和向西方的开放，以及日本新政府推行的"富国强兵、殖产兴业"政策的实施，福泽的思想也发生了变化。从19世纪70年代起，福泽的《文明论概略》《通俗国权论》《通俗民权论》等颇具影响力的著作陆续出版。在这些著作中，福泽以西方文明为标准，在社会、历史、民族、文化、风俗习惯等多个方面将中日两国进行对比，开始大力褒扬日本，同时贬低中国，并主张日本文明同中国文明相脱离。19世纪80年代后，福泽更是认为："我日本人在今天对支那已不再有畏惧之心"，"日支关系形同虞虢两国，唇亡齿寒、相互依存的想法不过是空想"，对于中国，"与之为敌则不足惧，与之为友则精神上无益","所畏惧者惟西洋诸国,应交际者也只有西洋诸国而已"①。

1885年3月,福泽谕吉在其主办的《时事新报》上发表了一篇以《脱亚论》为题目的社论。福泽在这篇著名的社论中说,日本若要步西洋文明之后,"脱却旧套,而于亚细亚全洲之中,将出一新转机,此主义唯在脱亚二字"②。从此,以福泽谕吉为代表的一批日本知识精英,开始主张全面西化并抛弃过去他们自己也曾经信奉的那些中国学问,越来越看不起中国或者蔑视中国,并主张以西方人同样的方式来对待中国和朝鲜这样的国家。最初,这样的主张还仅仅是一种社会思潮,其主要的意义还只是停留在精神文化层面,但是这一观念很快就同日本明治政府对外追求"国权扩张"的政治和军事行动紧密地联系在了一起,成为日本对外进行侵略扩张的精神工具。

正是在日本人对中国观的这种变化过程中,即从过去崇拜到短暂的同情再到蔑视,日本政府才能够利用这种对中国及中国人的观念,煽动民族主义的情绪,对中国及其周边小国进行侵略。例如,从19世纪70年代起,日本就开始对同中国有着千丝万缕关系或者本来就属于中国领土的琉球、台湾和朝鲜进行渗透和侵略,而且在同中国的清政府围绕这些小国或地区进行外交谈判或各种博弈的过程中,日本官员们更是感觉到了中国官员不懂国际关系新规则的无知与腐朽,于是对中国更为蔑视。

1894年至1895年的甲午战争,是日本人经过内政外交改革之后在观念上放弃对中国的崇拜感并充满对中国的蔑视感后的第一次真正的战争,因此日本上下舆论都将这场战争描述为一场"文明对野蛮"的"正义之战"。战争伊始,其实日本对中国还是有些忌惮的,毕竟中国还是一个大国,但是战争的进程和结果使得日本人更加相信自己比中国人优秀,也使

---

① 转引自宋成有:《以史为鉴:福泽谕吉文明论视角下的对华观及其影响》,李玉等主编:《文明视角下的中日关系》,香港社会科学出版社有限公司2006年版,第81页。
② 〔日〕福沢諭吉「脱亜論」、『福沢諭吉全集 第10卷』、岩波書店、1960年、第239页。

得日本人更加自信和更加蔑视中国,所以在中国战败被迫签订《马关条约》的过程中,日本人丝毫不顾中国人的感受,非常苛刻地既要求割地又要求赔款,甚至在谈判期间有日本民间人士试图暗杀参加谈判的清政府首席代表李鸿章,导致李鸿章受伤,但日本也丝毫没有减少对中国割地赔款的要求。在第二次世界大战之后,日本有学者写道:"甲午战争中日本出人意料地获胜使日本人异常喜悦,并惊叹于中国的弱势,而后对我们邻居的态度发生了天翻地覆的变化,轻蔑使尊重荡然无存。我们应该警惕这种自负的情绪,这将会是一切悲哀的源头。"① 可惜这样的认识来得太晚了。

甲午战争之后,日本人对中国的蔑视感达到高峰,正如一些学者所言:"甲午战争对日本社会产生的最大影响,莫过于大国意识的急剧膨胀和军国主义思潮的泛滥。对中国的亲近感和敬畏之心永远成为过去,轻视乃至蔑视中国和中国人的民族沙文主义甚嚣尘上。"② 随后,日本又在中国的土地上进行了日俄战争并且同样取得了胜利,这让日本政府以至日本国民越发地骄横和蔑视中国,甚至开始变本加厉地欺侮中国和中国人。比如当时日本国内要求自由民权的知识精英,在面对日本政府对中国的侵略时,也都是一片赞同的声音。根据不平等条约住在中国的一些日本人,也在面对中国人时具有极大的优越感,日本政府则不但借口保护日本侨民或铁路设施在中国驻军,而且不断地故意制造事端试图肢解中国。

如前所述,1915年日本提出的"二十一条"就是想要将中国变为日本的一个附属国,因为在日本人的观念中,中国和中国人已经没有能力自己管理好这个国家,所以应该让日本人来管理。正是如此的观念,才导致日本不断地肢解和侵略中国,直至1931年"九一八事变"和1937年"卢沟桥事变"对中国开始了全面侵略,并且在1941年又提出所谓"大东亚

---

① 〔日〕吉野作造「日華国交論」、『吉野作造博士民主主義論集』第六卷、新紀元社、1947年、第10頁。
② 宋成有:《新编日本近代史》,第238页。

共荣圈",即日本想要充当东亚地区的主导国家,将中国等其他东亚国家都囊括在内,并通过对这些国家的改造最后达到共同的繁荣。直到1945年日本彻底战败,日本人对中国蔑视、欺侮侵略并试图改造中国的观念才被彻底打碎。

总体而言,近代日本人的中国观基本上是一种俯视的观念,即以同情、蔑视、欺侮和改造为主。当然,在这里也主要是指当时占据日本社会主导地位的日本政府和一些知识精英的中国观。我们并不否认当时仍然有众多反战和对中国以及中国人友好的日本人。不过,这些人在当时并不占主导地位,因此他们的中国观也不构成当时日本人主流的中国观。

三、战后日本人的中国观

第二次世界大战之后,日本作为一个战败国,其民族自信心受到极大打击,对其过去曾经崇拜、敬畏、模仿、学习而后又同情、蔑视、欺侮、改造的中国,其实充满了各种矛盾的观念和看法。不过,随着战后日本和中国自身的各种变化,战后日本人的中国观也呈现出各种不同的变化,或者在不同的时期有着各种不同的观念和看法。

一般来说,从战后日本恢复独立以及中国国内国共两党的内战已尘埃落定的20世纪50年代初算起到现在,日本人的中国观大致可以分为以下四个时期:(1)20世纪50年代初—60年代中期,基本上以崇拜新中国为主流,同时伴随着反省和赎罪意识。(2)20世纪60年代中期—70年代末,基本上从对新中国的崇拜转变为对中国的失望,其中还有着部分同情的成分。(3)20世纪80年代初—90年代中期,基本上以对中国同情和逐渐视中国为平等伙伴并谋求合作为主。(4)20世纪90年代中期以后,基本上以对中国开始厌恶、恐惧和戒备为主。下面,将分别加以叙述。

（一）20 世纪 50 年代初—60 年代中期

通过1951年9月旧金山会议上签订的《旧金山和约》，日本获得独立并在次年4月该和约生效后重新作为一个独立主权国家进入国际社会。与此同时，中国国内的国共内战尘埃落定，政权发生更迭，出现台湾海峡两岸对峙的局面。面对如此分裂的中国，处于冷战状态下的日本在美国压力下最终选择了台湾，从而同中国大陆政权处于隔绝乃至敌对的状态。但是，官方关系的隔绝并不能阻挡日本人对中国产生看法，尤其随着中日两国所谓"民间外交"的展开，民间交流关系得以持续，通过两国间小规模的贸易、文化交流、政党交流等各种民间交往，反映出了当时日本社会主流舆论对中国的普遍观念。当然，这里所说的日本人的中国观其实主要是指以日本大多数知识分子为主形成的一种民间普遍观念，而并非指日本政府的对华观念，因为在当时东西方冷战状态下分别处于东西方不同阵营的中日两国政府在政治上处于对立状态，彼此之间不可能有什么好感。

经过美国占领并改造之后的日本，虽然在外交上倒向了美国并选择了西方集团，在这一点上自然不能让中国人接受，但是在经过美国改造之后，日本的法西斯独裁统治体制被打碎，日本社会基本建立起了西方式的民主制度。在这种体制下，日本社会逐渐打破了战前那种舆论上下统一的局面，出现舆论的多元化，即使执政党或政府也不可能按照自己的政治需要完全管控社会舆论，反而在主要影响社会舆论的教育界和新闻界，基本上由当时属于左翼的知识分子占据主导地位，所以尽管中日两国不存在官方关系或者说两国的官方关系处于敌对状态，但是中日两国的民间关系不但存在而且比较友好，当时的日本社会主要通过这些来往于中国的日本左翼知识分子或日本的在野党来了解中国和形成对中国的观念。

战后初期日本社会的中国观，其实是当时日本主流的知识分子在同近代以来日本社会的比较和对这段历史的批判中形成的。由于战败，日本主流知识分子开始对导致日本走向战争的整个近代历史都重新进行认识,这其中当然会涉及如何看待中国的问题。他们认为,日本的近代化是失败的,而中国才是真正走在迈向近代化的成功道路上,因为近代以来日本进行的社会改革并不是自下而上的,以天皇制为中心的高度集权体制下所进行的近代化虽然使日本短时间内完成改革并变得强大,但是却很快走上一条帝国主义的道路,最终导致了日本的彻底失败。相比之下,中国通过反帝、反封建的社会革命,逐步完成统一并建立了中华人民共和国,开始了一个全新的发展历程,虽然中国的近代化过程经历了比日本更长的时间,但是却是一种正常的发展路径,会引导中国建成一个繁荣富强的国家,为此日本也应该向中国学习。

而且,从战后中国与日本两国的比较中,日本的知识分子也看到了中国的优越性,中国摆脱了过去那种贫弱和四分五裂的局面,成为一个统一的国家,而且在国际社会的影响力日增,在内部不断开展的一些建设运动也吸引了日本人的目光,比如超英赶美、大跃进等等。尽管这些社会群众运动在今天看来其实存在一些问题,但是在当时并没有多少人看到其中的问题,反而基本上都被中国民众对政府的支持并投身于这一系列热火朝天的社会运动的场面所感动,认为中国正在建设一个从未有过的人人幸福的新社会。当时有很多日本友人多次来中国参观访问,回国后都写出了自己的观感,广泛宣传在中国的见闻,向日本民众传递了一个全新的中国形象。他们认为,中国就像天堂,到处欣欣向荣,充满生气,共同劳动,没有穷人,道德高尚,夜不闭户,路不拾遗,卫生洁净,甚至根本看不到一只苍蝇。例如,有一位曾来到过中国的日本学者就说:"中国拥有庞大的人口和资源,并有着源源不断发展的新技术,有不断释放国民潜力的新制度……中国在这一环境下大踏步前进……尊敬新中国的人们在意识到自己是日本人的时候，多少都会涌现一丝嫉妒情绪。"① 而反观日本，不但仍处在战败国地位，甚至还仍然处在美军的占领之下，而且那时日本的经济虽然已经逐渐恢复并准备高速起飞，但还没有明显超过中国。因此，不论从哪个方面来看，日本都不及中国，所以当时日本一些左翼知识分子对中国极为崇拜，主张日本再次向中国学习。

此外，日本的知识分子对于近代以来日本对中国的多次侵略也进行了严厉的批判，对于日本军国主义给中国和中国人民造成的巨大灾难进行谴责，并且作为日本人也愿意表示反省和道歉甚至对中国有一种赎罪感。同时，对战后中国对日本的宽容和中国政府将日本人民同日本军国主义相区别并认为日本人民也是军国主义的受害者的政策表示了赞赏和感谢，并且将这种赞赏和感谢转化成了对中国的友谊。例如，他们表示："中国的存在和新中国的进步对日本来说是呈现在眼前的一件大事。我们至少要认识并尊重这一事实，忏悔曾犯下的罪过，痛改前非，并以毅然的决心保持与中国的友谊。"② "中国人民虽然反对日本政府和日本的政策，但对日本人民没有敌意。无论发生什么样的事，国民和国民之间应该是紧密相连、共同谋求和平的。这是中国人民采取的基本原则。"③

由此可以看出，在这段时间里，日本社会或者说日本知识界主流之所以能够具有向中国反省道歉乃至赎罪的观念，主要是由于以下一些原因：第一，是日本的战败。近代以来日本一直对外侵略扩张，而且不断取得胜利，以至于整个日本社会都形成了一种疯狂的心理，似乎日本民族确实是一个优秀的民族，就应该去统治其他民族。然而，第二次世界大战的结果却给了日本军国主义以沉重打击，不但使日本输掉了这场战争，而且也充分暴露了日本军国主义对内对外残忍无道的本性，不但给中国等周边国家

---

① 〔日〕清水幾太郎「日中間にこそ平和の共存を」、『世界』1959 年 11 月号。
② 〔日〕阿部知二「文化と人間」、『世界』1955 年 1 月号。
③ 〔日〕内山完造「中国から帰って」、『世界』1953 年 5 月号。

带来了深重的灾难，而且也使日本自己遭受了灭顶之灾。正是在这样一种民族遭到严重摧残的情况之下，一部分以知识分子为主体的日本人开始重新看待和认识这场战争，他们开始诅咒这场战争，同时意识到日本民族身负着一种历史的罪恶，有必要对此进行反省和赎罪。

第二，是日本社会的开放和左翼知识分子占据了教育和舆论阵地。随着战后日本社会的民主化改造，日本社会越来越开放，来自中国和介绍中国的书籍报刊增加，甚至包括一些社会主义理论的书籍也可以在日本出版。与此同时，过去反战和反政府的民主人士或者出狱或者从国外返回日本国内，这些人士大都是一些知识分子，因此他们大都先后进入了日本教育界和舆论界，社会的相对开放宽容和这些人对战争的反思也促使日本社会整体对战争的反省。

第三，是中国对日本的宽容。战争结束后，中国作为日本侵略战争的最大受害国，按照一般的逻辑本来应该要求严厉地惩罚日本和要求日本进行战争赔偿，但是中国非但没有直接派兵进驻日本，也没有要求肢解日本，反而对日本战犯也坚持教育为主的原则，只要放下屠刀有表示悔改之意即尽量宽大处理，由于其他一些原因又放弃了对日本要求进行战争赔偿。当然，这样的对日宽容在今天看起来或许会被人诟病，但是在当时确实感动了很大一批日本人，甚至包括那些侵略过中国并且曾经有过血债的日本老兵。日本当时的知识分子就是面对中国人如此宽广的胸怀才更愿意真诚地对那场战争进行反省和愿意更虔诚地对中国进行赎罪，同时这种反省和赎罪也才能够在日本社会同样显得理直气壮而不会遭到过多的指责。

总之，在这段时间里，日本社会主流的中国观再次对中国开始充满崇拜和憧憬之情，而且这次的崇拜与憧憬不同于历史上日本人对作为日本文化源头的中国文化长期抱有的崇拜与憧憬，而是一种对通过革命手段建立新国家的向往，认为新中国的道路才是日本应该走的道路。同时，在面对一个值得崇拜的中国时，他们自然认识到了近代以来日本对中国所犯的各种罪行，于是在崇拜感的同时又多了一层反省和赎罪的意识。

（二）20世纪60年代中期—70年代末

1966年5月，中国社会在从20世纪50年代中期开始就不断兴起的"左"倾思潮之下终于爆发了"文化大革命"。这场导致中国社会全面动荡的社会运动给包括日本在内的国际社会也带来了冲击，使得20世纪50年代以来日本社会逐渐形成的中国观也开始发生变化。

面对"文化大革命"的突然爆发，最初日本社会的主流观念仍然以赞赏为主，因为长期以来形成的对中国崇拜和憧憬的观念仍然在习惯性地发挥作用，但是随着这场运动的不断展开，尤其是出现红卫兵运动大规模破坏传统文化以及其后出现的大规模武斗现象，日本知识界逐渐分裂成了赞成和反对"文化大革命"的两派，他们之间围绕中国问题不断发生争论，并且随着时间的推移反对派逐渐占据上风，对中国的崇拜和憧憬逐渐消失，最终变成了日本社会整体对中国的失望。

所谓的赞成派主要由两部分人构成。第一种人是在理论上信仰毛泽东思想和中国革命的知识分子。这些人对中国的崇拜、憧憬和喜爱已经到了信仰的程度，他们在年轻时就曾在日本或者世界其他国家或地区从事过社会主义运动，战后也曾在日本社会反对过日本政府及试图在日本实现社会主义，所以他们对社会主义的中国充满感情，认为中国是社会主义的希望和日本社会未来发展的榜样，中国所做的一切都是社会主义发展过程中的一部分。因此，这些人对"文化大革命"的发生同样抱以欢欣鼓舞，甚至不假思索地为其叫好。例如，日本京都大学的著名左派历史学家井上清先生就认为中国的"文化大革命"是马克思主义在中国的发展。他在年轻时就追随马克思主义，战后他将新中国的建立看作是马克思主义在亚洲的胜利，他认为中国开展"文化大革命"运动是为了保持马克思主义的纯洁性，是对社会主义的重大贡献。其他一些著名左翼知识分子也对"文化大革命"大加赞赏:"我认为这次的文化大革命大概起到的是像弹簧一样的作用,能让今年开始的第三个五年计划产生飞跃性的进展……中国的社会主义建设自此将向前迈出相当大的一步。"① "无论如何,文化大革命中重要的是培养向人民奉献的'无私为公'这一社会主义精神。特别是经过了上一个时代的人们,即使理论上知道应该怎样做,但潜意识里仍然残留有资本主义的思想,就连对革命有贡献的人也是如此。要去掉这些污垢,除了'自我批判'以外,没有其他的方法。"② "我认为文化大革命最重要的是建国与树人。建国就是为了贯彻实施毛泽东一直强调的社会主义建设的目标和理想而不变色。而为了达到这个目标,最重要的是要做到树人和思想改造。"③

第二种人是一些从自己的生存状态而言对日本社会现实感到不满的人,反而觉得中国"文化大革命"中的一些极端做法是好的,尤其"文化大革命"提出的对于过去旧制度的批判和改造以及众多标新立异的做法,这些人都表示出了极大的兴趣。例如,"文化大革命"中对中国教育制度的批判与摧毁,将青年学生大批集中起来送往农村,反而被这些人认为是一种新型的教育制度,可以培养出健康有为的一代年轻人,而不是像日本的教育制度培育出来的年轻人自由散漫、不思上进、缺乏朝气、自甘堕落等等。

此外,当时的日本社会上还有一些人赞成中国的"文化大革命"并没有什么特别的理由,而仅仅是希望通过同中国的联系投机取巧谋取自己的私利或扩大自己的影响。例如,当时就曾出现过一个"日本劳动党",甚至还在中国的《人民日报》上发表声明坚决支持中国的"文化大革

---

① 〔日〕安藤彦太郎、古在由重、野原四郎、野村浩一「《討論》毛沢東思想とは何か-プロレタリア文化大革命をめぐって」、『世界』1966 年 11 月号。
② 〔日〕白石凡「社会主義国家建設への第二革命」、『中央公論』1967 年 4 月緊急増刊号。
③ 〔日〕西園寺公一、松本俊一「中国?日本?アジア」、『中央公論』1970 年 10 月号。

命"。但是,这个所谓的"日本劳动党"其实只是由六七个人临时组织起来的一个类似于中国"文化大革命"中的群众战斗组织,只不过当时中国当政者希望世界各国都能够支持和响应"文化大革命",所以希望有类似的声音出现。这些人当然形不成影响,构不成日本社会中国观的主流,反而这些人是通过中国媒体使其支持中国"文化大革命"的报道被世人所知道。

同样,所谓的反对派也主要由两部分人构成。第一种人是一些执着于中国传统文化的学者或文化人。他们对中国的传统文化非常尊敬也非常喜爱,所以当他们看到"文化大革命"对中国传统文化的批判和毁坏的情景时感到非常不理解,继而又感到非常反感和气愤,尤其对作为中国传统文化代表并且在日本社会也深受尊敬的孔子、孟子等古代先贤也受到严厉批判更加不能理解。于是有很大一部分本来对中国抱有好感甚至崇拜新中国的日本知识分子开始反感中国并随着"文化大革命"的不断动荡而渐渐对中国失望。

第二种人是一些对一般社会发展规律和中国历史比较了解并能够理性客观看待中国的日本知识分子。这些人虽然也对中国友好,但是从一开始就认为"文化大革命"是一场借文化之名而进行的政治迫害运动,因为从这场运动一开始,就不断地有一些文化名人、高层官员遭到整肃,而且其方式并没有遵守法律程序,所以他们担心如此的动荡会导致中国社会出现问题。例如,日本京都大学教授竹内实先生曾经说道:"我百思不得其解的是,红卫兵要打倒资产阶级,为什么却要从肉体上消灭像翦伯赞这样一些对中华民族非常忠诚的学者呢?""我看到各地红卫兵乱纷纷,背后有各种势力的支持,我担心中国会像北洋军阀时代那样分裂。"[①] 还有其

[①] 转引自严绍璗:《战后六十年日本人的中国观》,载李玉等主编:《文明视角下的中日关系》,第37页。

他一些学者也指出:"在我看来,中国现在做的事很荒唐,它正朝着非常危险的地方前进着。"① 这些有着理性深刻思考的日本知识分子,自然对"文化大革命"笼罩下的中国也越来越失望。而且,这些知识分子同其他一些反对"文化大革命"的知识分子在日本不断指责和揭露"文化大革命",其影响力逐渐超过了赞成派。到"文化大革命"结束时,整个日本社会的主流中国观已经变得对中国失望了。

当然,反对派中还有一部分人是本来就不喜欢中国,对中国的一切都持反对态度,甚至觉得如此崇尚暴力的"文化大革命"会对日本构成威胁。不过,持有这种观念的人并不多,构不成日本社会的主流看法。

恰恰也是在此期间,中日两国的经济状况发生了根本性的变化。战后日本经过20世纪50年代中期以后尤其是60年代的持续高速发展,到70年代时已经成为资本主义世界第二经济大国,日本人的生活水准也开始进入发达国家的行列;而中国在经历了"文化大革命"的大规模政治运动后经济几乎到了崩溃的边缘,国内物资匮乏,人们的生活水准仍然徘徊在发展中国家的水平。1972年,中日实现了邦交正常化,越来越多的日本人可以到中国参观访问,更多地了解到中国"文化大革命"的真实情况,同时也发现了中国经济与日本经济的巨大差距以及两国社会文明程度的差距。于是,日本知识分子在同本国的对比中逐渐改变了对中国的观念。这时的认识同20世纪50年代时完全相反,很多人开始肯定日本战后的社会变革,认为日本的现代化至少在经济领域是成功的,而中国则不但经济发展停滞不前,社会其实也并没有发生任何有意义的变革,只是陷入一场动乱之中。因此,中国不再是值得日本崇拜的国家,反倒是中国应该向日本学习。不过,毕竟这时中日两国已经实现了官方关系的改善,尤其在1978

---

① 〔日〕安藤彦太郎、村松暎、竹内実「文化大革命は破壊か建設か」、『中央公論』1966年11月号。

年两国又签订了《中日和平友好条约》，因此日本社会对中国的失望并没有导致两国关系出现问题，反而这种对中国的失望很快转变成了对中国的同情，即希望能够帮助中国经济走出困境以及希望中国社会也能够变得稳定。1976年10月"文化大革命"结束之后，中国社会经过一段时间的徘徊与过渡，到70年代末彻底结束了"文化大革命"的影响，连中国人自己也否定了"文化大革命"，以及对"文化大革命"过程中一些非法非人道事情的揭露，使得过去曾经赞成"文化大革命"的日本知识分子彻底丧失了在中国问题上的发言权，日本社会对中国的整体观念就变成了失望与同情。

总之，"文化大革命"的十年及其结束之后的几年过渡期是日本社会将中国作为理想之国这一观念彻底崩溃的时期，即日本社会对中国由在此之前的崇拜、憧憬转变成了彻底失望。虽然在此期间实现了中日邦交正常化以及两国签订了和平友好条约，两国官方关系和政治关系好转，但是日本人对中国及中国人的看法反而没有了想象而更趋实际，尤其对"文化大革命"真相的了解更加导致了他们对中国的失望。不过，中日两国政治关系的改善使得过去那些崇拜中国的日本人又开始同情中国，希望能够帮助中国改变相对落后的状况。

（三）20世纪80年代初—90年代中期

伴随着"文化大革命"的结束，中国从20世纪80年代初开始实行改革开放的政策，即改变过去以阶级斗争为纲的基本政策，而代之以经济建设为中心的基本政策，同时打开国门同世界各国发展政治和经济及文化等各种友好关系，开始逐渐地融入国际社会。中日关系在70年代得以全面发展之后，随着80年代中国的变化，有了更广阔的发展空间，日本人的中国观也随之发生了一些变化。

中国社会的开放，导致了中日两国国民更大规模的交往，不但有更多的日本人来到中国工作、学习和旅游,也有更多的中国人开始去日本工作和学习,中日两国国民有了更多机会直接接触来了解对方。正是通过这些接触和了解,日本人获得了对中国整体的看法。一方面,来到中国的日本人看到了一个正在从过去的束缚逐渐走向开放的中国,中国社会到处充满了变革和建设的活力,大部分中国人虽然贫穷但对生活充满热情;另一方面,当时去日本工作和学习的中国人也给日本社会留下了良好的印象,即普遍认为中国人刻苦、节俭、勤劳等。但是与此同时,实际的接触和对中国社会的真实了解也让日本人看到了在经济和社会发展水平上中国同日本的差距,因此在当时中日整体关系良好的大环境下,日本社会普遍对中国充满了同情,认为应该协助和支持中国的改革开放政策,帮助中国实现经济的现代化,于是日本社会从上到下都开始了对中国的经济援助和同中国的经济交流活动。例如,日本政府从1980年开始向中国提供大规模政府开发援助(ODA),到1995年的十五年间一共向中国提供16149亿日元低息贷款,其中还有一部分无偿援助,主要用于中国改革开放初期的一些基础设施的建设,这对当时刚刚改革开放需要大量资金的中国无异于雪中送炭,对后来中国经济的发展起到了巨大的作用。日本民间企业也通过商品、投资、经济合作等各种方式和途径进入中国市场,对促进中国经济发展及促使中国经济走向世界也起到了巨大作用。

中日两国经济关系密切的同时,日本社会再次掀起对中国文化的热潮,即两国政治经济关系的密切再次唤醒了日本文化与中国文化的亲近感。本来日本文化中就有众多中国文化的元素,这时大批的日本人奔赴中国去寻找熟悉和喜爱的文化,比如对中国历史的学习、对中国风景的游览、对中国民俗的欣赏、对中国美食的品尝等,以至于当时在日本曾出现了一股"中国热"的社会风潮,很多日本人都以接触和了解中国为时尚,这时的中日关系也因此被称为两国的"蜜月期"。日本人的中国观也相应地出现了友好的因素,即在同情中国和援助中国的同时,也对中国以及中国人越来越表示友好。比如在此期间中日两国共建立起了近三百对友好城市，这些城市之间也进行了各种内容的文化交流活动，这些活动又进一步增进和强化了中日两国国民的友好感情和日本人对中国的友好感情。

当然，这一时期之所以形成了日本人对中国同情援助以及友好合作的观念，也并非日本单方面的行为，那时的中国需要日本的经济援助与合作，对战后日本经济的发展也充满兴趣，所以中国社会总体上对日本是一种赞赏的态度，再加之对现代日本大众文化的部分引进改变了中国人的日本形象，甚至有很多中国人因为喜欢日本的商品和文化而喜欢日本。中国人对日本的喜爱与友好反过来也进一步促进了日本人对中国的友好观念，日本官方和民间都更愿意积极支持和帮助一个对日本友善的中国，同时也希望通过支持中国的改革开放使得中国社会能够变成一个对日本更加有利的社会，即一个和平、稳定和富裕的社会，同时能够长期与日本保持相互补充的经济关系与具有民众基础的友好关系。

随着中国经济的迅速发展，中日两国在此期间的经济差距已经开始逐渐缩小，中国经济对日本经济的依赖性也越来越相对降低，甚至两国的政治关系也曾出现过一些问题，比如1982年和1986年的两次日本修改历史教科书问题、1985年出现的日本首相参拜靖国神社问题、1987年的光华寮事件等。但是，由于这些问题很快得到处理，所以并没有改变日本人的中国观。1989年的北京政治风波曾导致日本人的中国观再次发生变化，即中国在日本国民中的形象开始有所恶化。不过，这一观念的变化相对于两国关系的实际发展具有滞后性，即20世纪70年代以来的中日友好关系同中日两国密切的政治经济关系具有一定的惯性，即使两国之间发生一些不愉快的事件，从主观愿望而言，两国仍然试图维持彼此友好合作的关系，日本人对中国也仍然是以同情与合作为主，希望中国能够继续改革开放的政策，并且日本仍然愿意继续帮助中国，只不过对中国的友好感情已开始降温。

总之，对中国的同情与友好，是这一时期日本人中国观的主流，尽管在此期间中日关系已经开始出现一些摩擦，如历史认识问题、台湾问题、意识形态问题等，但是中日两国的相互共同利益仍然是主要的，中日两国的实力对比相对来说仍然是日强中弱，再加之中日友好关系的惯性，使得日本人在此期间基本上保持了同情与友好的中国观。

(四) 20世纪90年代中期以后

20世纪90年代初东西方的冷战状态结束，是战后国际关系中的最大事件，也是影响和重新调整众多国家关系的最重要因素。中日关系以及日本人的中国观也深受这一变化的影响。1989年的北京政治风波其实已经对日本人的中国观产生了影响，至少从那时起日本人对中国的同情与友好的观念已经开始淡化，只不过日本人中国观的明显变化直到90年代中期随着中日两国实力对比的变化以及外交政策和国内社会状况的变化才慢慢显现出来。

从20世纪90年代中期开始，在中日之间发生了一系列足以改变中日关系基本结构的大事件，使得冷战结束后由于中日两国共同安全利益下降后本来就变得脆弱的两国关系更为脆弱。这些事件主要有：1995年中国的多次核试验，引起日本政府和民间的极度反感与抗议；发生在1995年至1996年间的台湾海峡危机，也使日本社会开始感受到来自中国的武力威胁以及更加同情台湾社会的民主化变化；1996年日美同盟关系的重新确认和强化，引起了中国的进一步反弹；中国军事能力的持续增长，也使日本社会增加了中国威胁的感觉。尤其中日2005年在中国东海围绕油气田开发引发冲突和2012年中日钓鱼岛危机后中国公务船大规模进入钓鱼岛海域并在东海划定防空识别区等，都对日本社会带来了巨大的安全冲击，"中国威胁论"在日本社会越来越有市场，据日本内阁府与多家媒体进行的相关舆论调查，均有80%以上的日本人对中国感到越来越厌恶和恐惧。

与此同时，中国经济持续高速增长，日本经济却在泡沫经济崩溃之后长期处于相对萧条状态，中日经济差距迅速缩小。2010年中国经济总量超越日本，中日两国在世界经济中的排名发生逆转。这一变化一方面使中国人的对日看法发生变化，即中国人的对日优越感开始出现，以及近代以来一直蛰伏于中国人内心深处的一种大国情怀与大国意识也在增长。在这种情况下，中国社会多次出现反日游行，如2005年为反对日本"入常"的大规模游行和2012年为反对日本政府对钓鱼岛的所谓"国有化"进行的大规模游行。这些游行及游行过程中出现的一些反日行为被日本媒体大肆报道后也加剧了日本人对中国及其中国人的厌恶感和恐惧感。另一方面，两国经济地位的变化对日本人的心理也造成了巨大冲击，近代以来大部分时间里所存在的对华优越感不再存在，反而感受到了来自中国的各个方面的压力，更加剧了日本人对中国的恐惧感。

除去两国关系中的问题之外，这一时期中日两国的国内问题也导致了彼此观念的变化。20世纪90年代之后，日本国内政治出现右倾化和保守化趋势，过去在日本社会中对保守势力可以起到牵制作用的左翼力量几乎不再存在，而日本的左翼势力一般来说也是对华比较友好的力量，而且随着这一趋势的出现，日本国内出现了众多中国越来越不能接受的政治现象，比如修改和平宪法、否认或美化侵略战争历史、增强和扩大独立防卫力量等，这些变化不同程度地增加了中国对日本的批判。而对日本人来说，中国的发展变化同样也使日本人感到不满甚至厌恶，比如中国几十年的经济发展虽然给中国人带来了富裕，但是似乎并没有给日本带来一个预想中的对日本更加有利的和平与安宁的社会，反而随着经济的发展中国国内不但出现了强烈的反日民族主义思潮，而且还出现了很多社会问题，比如环境的大规模破坏、官场严重的贪污腐败、不同社会阶层与地区之间巨大的贫富差距、不断被揭露和曝光出来的食品和药品安全问题以及其他各种社会欺诈案件等等。此外，在此期间有越来越多的中国人赴日本工作和学习，在日华人的犯罪问题也越来越成为日本社会关注的问题之一。这些问题都对日本人的中国观产生了负面的影响，认为中国虽然国家实力增长很快，但仍然是一个社会相对比较落后而且有可能威胁到日本社会的国家。这些问题再与两国关系中的历史认识问题、领土争端问题、台湾问题等政治和安全问题相结合，就更增加了日本人对中国的厌恶感和恐惧感。

总之，在20世纪90年代中期以后随着国际环境和中日两国国内情况的一些变化，日本人的中国观逐渐地从过去对中国的同情和友好变得对中国越来越厌恶和恐惧。当然，这里所说的日本人的中国观仍然是指目前日本社会的主流中国观。不过，目前的中日关系越发复杂多变，两国关系中既充满了矛盾又联系密切。比如目前中日政治和安全关系虽然结构依然，但是中日两国的民间交往却掀起热潮，2014年以来赴日本旅游购物的中国人大幅度增加，2015年日本也派出3000人的"日中观光文化交流团"予以回应。在这种情况下，日本人如何看待中国也会随着两国政治关系的变化以及两国社会的变化甚至不同的社会阶层而有所变化和不同。因此，对目前日本人的中国观的考察，就需要更进一步的科学分类并进行细化分析。

第二部分

现状调研

在本书的第二部分,结合问卷调查与深度访谈的数据,我们重点分析了近年来日本民众对中国、中国文化、中国媒体、中国人以及中日关系等方面的认识和评价。通过调研分析,我们发现,一方面日本民众对中国的政治、经济、文化等领域都有一定的接触,并且对中国传统文化价值观具有较高的认同,愿意与中国人做亲密的朋友、邻居、同事;另一方面,也有不少日本民众不了解中国的政治制度,对中国的媒体和文化产品接触较少,对中国和中日关系的评价也较为消极。因此,中日之间在加强政府间对话与协作的基础上,需要进一步提升民间交流与合作,尤其是环保、技术领域的经贸合作,以改善中日关系、促进两国的共同发展和两国人民的友好关系。

第三章
调研方法

本书采用了问卷调查和深度访谈相结合的研究方法，以求更准确地了解近些年来日本民众眼中的中国形象。通过问卷调查，我们希望了解普通日本民众对中国的总体印象，对中国文化的了解和认同，接触中国文化的主要渠道，以及对中日关系的看法等。通过深度访谈，我们希望能够了解特定的日本民众有关中国形象和中日关系的看法形成的原因，并试图探讨改善中国形象和中日关系的有效途径。

一、问卷调查

问卷调查的数据主要来源于2010、2011和2013年这三个不同时间所进行的针对日本民众的三次调查。这三次调查的人群、方法和侧重点有所区别，但又互为补充，在一定程度上能够弥补单一的调查在信度和效度上的缺陷。三次问卷调查的结果有相似之处，但也有不少差异，给了我们很多的思考和启发。

（一）第一次调查

受研究经费和资源的限制，第一次调查问卷的样本选择并不是概率抽样，而是采用了非概率方便抽样（convenience sample）的方法获取调查样本。这在一定程度上会影响研究结果的推广性,但作为小规模的调查尝试,对于我们了解日本民众的中国观以及对中国文化的了解和认同度却可以起到管中窥豹的作用,也为第二次问卷调查做了准备。

1. 问卷内容结构

第一次问卷调查旨在了解日本民众对中国及中国文化的了解、认同以及接触渠道。问卷内容共分五大部分:第一部分为调查样本的个人基本信息,如性别、年龄、教育程度、收入等;第二部分旨在了解日本民众对表层中国文化如长城、熊猫、龙等文化符号的认识和接受程度;第三、四部分关注日本民众对制度性和价值观层面的中国文化的了解和认同感;第五部分意在了解日本民众接触中国文化的途径和渠道。问卷中多采用里克特1—5等级量表(Likert scale)来测量日本民众对中国文化的喜爱程度或接受程度,如1代表不喜欢,5代表喜欢等。

2. 问卷发放和回收

第一次调查问卷于2010年9月到10月间在中国北京和日本东京两地同时发放。在北京的问卷发放主要面向在北京学习和工作的日本留学生和公司职员,在东京则主要面向日本大学生及普通民众,由笔者的日本学生和朋友帮忙在其朋友圈子中扩散。在北京和东京两地共发放问卷300份,收回有效问卷225份,回收率为75%。其中156份(约占69%)问卷来源于生活在北京的日本留学生和公司职员,69份(约占31%)来源于生活在东京的日本大学生和普通民众。

3. 样本特征

在收回的225份有效问卷中,58%为男性,42%为女性。其中18—20岁的人占28%,21—30岁的占58%,31—40岁的占9%,41岁以上的约占6%,整个样本年龄趋于年轻化。调查样本的职业分布中,大学生比例高达73%,研究生占6%,其余20%为公司职员、家庭主妇、教师、记者、摄影师等。约20%的被调查者年收入在300万日元以下;约四分之一的被调查者年收入在 301 万—600 万日元之间；另有约四分之一年收入在 601 万—900 万日元之间；约 17% 的被调查者收入在 901 万—1200 万日元之间；还有 12% 的被调查者年收入在 1201 万日元以上。

(二) 第二次调查

在第一次问卷调查分析的基础上，我们对第二次问卷的内容进行了修改，除了设置了性别、年龄等配比项目之外，对问卷的提问方式和结构也做了改进。问卷共分五大部分：第一部分关注日本民众对中国文化的表现形式的认识；第二部分关注日本民众对制度性和价值观层面的中国文化的了解和认同感；第三部分意在了解日本民众接触中国文化的途径和渠道及其对中国传媒的评价；第四部分为对中日关系以及中国的评价；第五部分为调查样本的个人基本信息，如性别、年龄、教育程度、收入等。

1. 调查问卷的发放

由于第一次问卷的调查样本主体是生活在北京的日本人，这些人生活在中国，对中国有更多的了解，因而并不能完全代表日本的大多数民众的看法。第二次调查问卷的采样和发放是通过北京益派市场咨询调查有限公司委托美国国际抽样调查公司（Sample Survey International，SSI）利用在线可访问样本库（Online Panel）的调查方法完成的。问卷采样、发放周期约为一个月。2011 年 11 月，调查公司在一个性别、年龄、收入、婚姻状况等具有普遍代表性的、拥有 456 980 个日本人的样本库中随机发出了 35 130 封调查邀请信[①]，有 3923 人点击了调查链接，完成收回的有效样本共计 1038 份。为控制样本质量，调查公司在问卷回收机制中设置 IP 控制、电脑物理地址识别等，避免同一账号、同一电脑、同一 IP 重复作答。

---

① 网络调查公司为提高样本库的代表性会尽可能地从多个网站招募会员，同时在问卷发放中也会按照年龄、区域、收入等进行筛选，按比例随机抽样，发送邮件邀请。

2. 样本特征

本次调查收回的 1038 份有效问卷中，有女性 311 人，约占被调查人总数的 30%，男性 727 人，约占总调查人口的 70%。这一性别比例是基于我们对日本社会男性和女性社会政治地位的差异所做出的样本配比，虽然与日本社会实际的男女性别比例差异较大，但却能够更为准确地反映日本在社会、经济和政治等问题上的声音和立场。

本次问卷基本上涵盖了日本 18 岁以上的各个年龄段的人群，具有较强的代表性。其中，18—24 岁的学生人群 70 人，约占 7%；25—34 岁的青年人约为 212 人，占总人数的 20%；35—54 岁的中年人为 687 人，占总人数的 66%；55 岁以上的中老年人为 69 人，占总人口的 6.7%。符合我们以青年人和中年人为主的调研目的，因为中青年人较老年人在经济、政治以及国家的大政方针的制定上拥有更多的发言权。相较于第一次问卷调查而言，第二次调查的被访者的年龄构成更为均衡，涵盖面也更为广泛。

在调查中，六成的被调查者具有大专、大学本科及研究生学历，其余被调查者除 32 人（约 3%）是初中学历外，皆为高中或专科学校学历。四分之一的被调查者从事一般文员工作，近两成的被调查者为经理或中层管理人员，另外两成为公务员、技术人员和大学生，其余被调查者为家庭主妇、体力劳动者、从事设计、艺术人士等。约三分之一的被调查者年收入低于 200 万日元，另外三分之一的年收入为 200 万—500 万，另外三分之一的收入超过 500 万日元。

近七成的被调查者表示他们没有任何宗教信仰，近四分之一的信仰佛教，另有约 2.8% 信仰基督教、3.4% 信仰神道教。神道教的信仰比例如此之低确实出乎我们的意料，可能的解释是神道教已经成为日本人生活的一部分，并不被认为是一种宗教。

近七成被调查的日本民众表示，他们哪个政党都不支持；有 139 人（13.3%）支持日本自民党，114 人（10.9%）支持日本民主党，对日本公民党和共产党的支持率都不足3%。调查中,有16.6%的日本民众曾经到访过中国,30.2%的日本民众有中国的朋友或熟人,还有4.8%的被访民众会讲中文。

(三) 第三次调查

第三次调查的数据来源于文化部的科研项目"新时期中国文化国际影响力评估"中的日本调查。① 调查问卷的内容主要针对中国文化符号、文化产品、文化活动、价值观等在日本认知度、美誉度,聚焦于文化的影响力及其评估。

1. 问卷发放

第三次调查同样是网络调查,与第二次调查一样,通过北京益派市场咨询有限公司委托美国国际抽样调查公司利用在线可访问样本库的调查方法,在2013年12月针对日本民众进行了一次全国性的网上问卷调查。调查对象主要针对SSI在日本的一个拥有235 145个客户样本的样本库,该样本库按照年龄、性别、收入、种族、居住地区进行筛选,基本可以代表日本民众。调查公司按比例随机抽取样本,发送问卷的邮件邀请,收到邮件者自愿作答。为了避免同一账号、同一电脑、同一IP重复作答,调查中使用了SSI Verify平台,通过IP控制、电脑物理地址识别等技术来控制样本质量。同时,通过记录回答时间以及全面逻辑检测,调查公司对数据进行了严格的清洗,剔除了不合格数据。本次调查在日本全国共完成问卷1497份,经过严格复核,最终获得有效样本1225份,有效完成率为81.8%。

---

① 该调查的主要执行人为北京大学新闻与传播学院的副教授徐金灿老师。感谢徐金灿老师提供调研数据,完善本书的研究。同时,也向该项目的总负责人北京大学新闻与传播学院的关世杰教授致谢。

2. 样本特征

第三次问卷调查中，性别仍然为配比项，主要按照6比4的男女比例进行抽样，基本符合日本社会的话语权分配。在年龄分布上，样本平均年龄41.6岁，最小的15岁，最大的75岁。超过50%的受访者为19—44岁之间的青壮年，其中19—24岁占7.4%，25—34岁占22.2%，35—44岁占23.8%，45—54占27%。15—18岁的高中生占2.8%，55岁以上的老年人占16.8%。被访者的年龄分布基本可以反映日本社会的中坚力量情况。

被访者的个人年收入的分布比较均衡。100万日元以下的低收入群体和100万—299万日元的中低收入群体各占六分之一；300万—599万日元的中等收入群体占到了被访者总数的三分之一；两成的被访者属于年收入600万—899万日本的中高收入人群；约有十分之一的被访者收入在900万以上，属于高收入人群。

被访者中有44.2%居住在关东，17.8%居住在关西地区，九州、中部地区、东北地区等各个地区均有分布。总体上与日本目前人口的自然分布状况基本相符。从受教育程度来看，接受过高等教育的被访者（本科、硕士及博士）占了将近六成的比例；高中和专科学历的近三分之一，初中毕业学历的比例仅为6.4%。与2010年日本官方公布的人口学历比例来看，本次调查中高学历的人群比重偏大。

被访者职业分布中，一般文员（办公室工作人员）所占的比例最大（24.2%），其后依次为家庭主妇（13.3%）、其他人员（11.7%）、办公室中层管理人员（11.1%）、技工（8.2%）、雇主（有十个及以下员工）（6.6%）和专业技术人员等（6.3%）等。其他各类职业所占的比例均比较小。

被访者中，已婚人士占54%，未婚人士37.5%，其他处于已婚分居、丧偶、离异、未婚同居几种情况的占8.6%。六成以上的被访者表示自己是无党派人士，所占比重最大，其次是自民党（21.6%）、共产党（3.4%）、民主党（3.3%），其他一些党派所占的比例都非常小。

(四) 问卷数据的使用

由于第一次问卷调查的样本多数为在中国学习工作的日本民众，不具有太强的代表性，因此后文的分析主要以第二、三次问卷调查的数据为主。另外，第三次问卷主要针对日本民众对中国文化符号、文化产品和文化活动的评价；而第二次调查问卷的设计除了关注中国文化的表现形式和日本民众接触中国文化的渠道之外，融入了与日本政治、经济、社会、文化相关的一些具体问题，因而更加全面。因此，本书中的大部分数据分析结果来源于第二次问卷调查。在书中，我们会对所使用的问卷数据进行标注，便于读者理解。

二、深度访谈

问卷调查的分析虽然有助于我们从整体上了解日本民众眼中的中国形象，但是却很难深入探究中国形象产生的原因，并找寻相应的改进策略。在问卷调查中，我们发现对日本人的中国形象认知最有影响的渠道是日本媒体。因此，在问卷调查的基础上，我们选择了一些日本主要媒体的驻华记者进行访谈，试图了解日本媒体记者有关中国报道的选题标准和他们所持的中国观、对中日关系的看法及其原因等。同时，我们也访谈了两位研究中国问题的日本学者，希望了解他们所代表的了解中国的日本知识分子对中国、中国文化以及中日关系的看法。

(一) 访谈嘉宾的选择

访谈主要在2014年12月到2015年1月这两个月的时间内进行，所有嘉宾的访问方式都是面谈，访谈时间约为 1—2 个小时。接受访谈的嘉宾出于对个人隐私的保护以及对中日关系的敏感性因素的考虑，要求我们在写作中保持匿名。因此，在表 3-1 中，我们只列出了访谈嘉宾的大致情况。

表 3-1　访谈嘉宾列表

嘉宾序号	身份	职业	是否会汉语	熟练程度	在中国生活/学习/工作的时间	访谈地点	访谈时间
A	记者	日本某电视台驻华记者	会	精通	9 年	咖啡厅	1 小时
B	学者	日本某大学政治学副教授	会	一般	1 年	办公室	1.5 小时
C	记者	日本某通讯社驻华记者	会	一般	2 年	咖啡厅	1 小时
D	记者	日本某报社驻华记者	会	一般	半年	咖啡厅	1 小时
E	学者	日本某大学政治学教授、中国问题专家	会	精通	3 年	办公室	2 小时
F	记者	日本某通讯社驻华记者	会	一般	2 年	办公室	45 分钟
G	记者	日本某报社访问学者	不会	NA	半年	办公室	1.5 小时
H	记者	日本某报社驻华记者	会	一般	1 年	办公室	1.5 小时

(二) 访谈问题

在访谈中，我们主要围绕下列问题进行探讨：

1. 您喜欢中国文化吗？经常接触中国文化吗？如何评价中国文化？您觉得对中国文化的认可和喜欢是否能够转化为对中国这个国家的喜爱？

2. 您如何看待仁义礼智信这些中国传统价值观？您觉得中国人还恪守这些价值观吗？这些价值观对日本人有什么影响？

3. 您如何评价中国的政治制度？您觉得中日两国政治制度的差异是中日之间不信任的原因吗？

4. 您如何看待中国的经济发展对日本的影响？您觉得中国经济的快速发展对日本是利大于弊还是弊大于利？为什么？

5. 您觉得中国的发展对世界和平的影响是积极还是消极的？对日本的影响呢？

6. 您了解中国的主要渠道是什么？

7. 您如何评价中国媒体？是否经常接触中国媒体，包括中国的中文、英文和日文媒体？

8. 日本媒体关注中国的哪些话题？您觉得日本媒体对中国的报道客观吗？为什么？

9. 您怎么评价中国人，包括在日本的中国人？您有很好的中国朋友吗？

10. 您怎么评价目前的中日关系？影响中日关系最重要的因素是什么？有什么方法可以改善中日关系？

在访谈中，我们与大部分嘉宾针对上述问题进行了较为坦诚的沟通，但也有个别嘉宾在回答一些比较敏感的问题时有顾虑，似乎担心他的回答会引起误会。在我们一再解释说，希望听到他的真实想法之后，他们还是比较委婉地说出了对一些问题的看法。关于这些具体问题的访谈分析，我们会在后面的几个章节中进行呈现。

第四章
日本人眼中的中国形象

　　国家形象是人们持有的对某一国家认知上的印象和情感上的态度。这一印象或态度可能源于媒介报道、人际传播或亲身经历。随着科学技术和经济全球化的不断发展，国与国之间在政治、经济、文化各个方面的交流与合作日益频繁。一国的国家形象比以往任何时候都更加深刻地影响着该国的生存与发展：国家形象在很大程度上影响他国消费者对一国出口产品的评价和购买意向，并可能影响他国对一国的政治、经济或外交政策的制定和实施。美国学者约瑟夫·奈在20世纪90年代提出了"软实力"的概念，即一国通过其文化、政策和价值观吸引而非通过经济制裁和武力强制等手段来获取民心的能力。① 这正在被越来越多的政府和民众所接受。

　　近年来，尤其是"9·11"事件后，以美国为首的西方国家开始日益关注其国家形象，并通过文化交流、旅游推广、商业扩张、媒体策划等活动加以改善。而中国政府面对"中国威胁论"的甚嚣尘上，也采取了很多积极措施，如在海外建立孔子学院推广中国文化、设立奖学金吸引海外学生来华交流学习等，试图通过提高中国的文化软实力来改善中国的国家形象。

---

① Joseph Nye, Jr., *Soft Power: The Means to Success in World Politics* (New York: Public Affairs, 2004), p. x.

第四章　日本人眼中的中国形象

中国和日本作为亚洲最为重要的两个国家，不仅是隔海相望的近邻，更是合作密切的经济贸易伙伴。但是基于历史问题、领土争端等原因，中日两国之间摩擦不断，关系一波三折，两国民众间的亲近感和信任感持续下降，不仅影响了两国的政治外交关系，也对两国的经济发展产生了很多不利影响。在当前的中日交往中，日本民众眼中的中国呈现出怎样的形象？哪些因素影响日本民众对于中国的形象认知？在本章中，我们将结合问卷调查和深度访谈的数据探讨这些问题，并试图寻找改善中国形象的策略方法。

一、国家形象的相关研究

国家形象是一个综合体，是一国的外部公众和内部公众对国家本身、国家行为、国家的各项活动及其成果的总的评价和认定[1]，是一国软实力的重要组成部分。国家形象包括"物质要素、精神要素和制度要素"[2]，并具体涵盖"社会制度、民族文化、综合国力、政治局势、国际关系、领袖风范、公民素质、社会文明"等多个方面。[3] 2012年的《中国国家形象调查报告》将中国的外交态度、国际政治交往情况、国际经济交往情况、国民形象、中国文化、中国品牌等都列为考核国家形象的要素。良好的国家形象不仅能够促进经济发展与文化交流、提升民族自信心与自豪感，还能够让一国在纷繁复杂的国际环境中处于优势地位。关于国家形象的国内外研究不少，但是采用问卷调查的方式研究日本民众眼中的中国形象的文献并不多。在这一部分，我们将对有关文献进行简要综述。

---

[1] 管文虎主编：《国家形象论》，电子科技大学出版社2000年版，第23页。
[2] 张昆、徐琼：《国家形象刍议》，《国际新闻界》2007年第3期，第11页。
[3] 刘小燕：《关于传媒塑造国家形象的思考》，《国际新闻界》2002年第2期，第61页。

(一) 国家形象研究

国内有关国家形象的学术研究始于20世纪90年代,如徐小鸽的《国际新闻传播中的国家形象问题》①、黄庆的《对外宣传中的国际意识与国家形象》② 等,数量虽少,却使国家形象研究开始引起新闻传播学界的关注。

进入21世纪,国家形象成为国内学术研究的热点,相关的论文和书籍不断涌现。张毓强的《国家形象刍议》③、孙有中的《国家形象的内涵及其功能》④ 等研究关注国家形象的界定和内涵,从较为宽泛和宏观的角度探讨了新闻媒介与国家形象的关系。刘继南等撰写的《镜像中国——世界主流媒体中的中国形象》通过对美国、英国、日本等主流媒体关于中国报道的内容分析,探讨了中国在世界上的媒体形象。⑤

近几年来,越来越多的国家形象研究从公共关系的角度出发,探讨提升国家形象的政策建议。吴友富的专著《中国国家形象的塑造和传播》从政府形象、公共关系、媒体传播、中国品牌等角度论述了如何塑造和传播中国形象。⑥ 何辉、刘朋的著作《新传媒环境中国家形象的构建与传播》分析了互联网、手机等新媒体的发展对国家形象构建与传播的影响,并提出了改善中国形象的途径与策略。⑦ 程曼丽的《大众传播与国家形象塑造》论述了大众媒介在国家形象塑造中的重要作用。⑧ 还有一些研究通

---

① 徐小鸽:《国际新闻传播中的国家形象问题》,《新闻与传播研究》1996年第2期。
② 黄庆:《对外宣传中的国际意识与国家形象》,《中国记者》1998年第9期。
③ 张毓强:《国家形象刍议》,《现代传播》2002年第2期。
④ 孙有中:《国家形象的内涵及其功能》,《国际论坛》2002年第3期。
⑤ 刘继南、何辉等:《镜像中国——世界主流媒体中的中国形象》,中国传媒大学出版社2006年版。
⑥ 吴友富:《中国国家形象的塑造和传播》,复旦大学出版社2009年版。
⑦ 何辉等:《新传媒环境中国家形象的构建与传播》,外文出版社2008年版。
⑧ 程曼丽:《大众传播与国家形象塑造》,《国际新闻界》2007年第3期。

过具体案例探讨了国家形象的塑造，如李正国的《危机公关、媒体角色与国家形象的修复》①、涂光晋与宫贺的《北京奥运与国家形象传播中的议程》② 等。

国外关于国家形象的研究较为经典的著作包括迈克尔·昆齐克的《国家形象与国际公共关系》③、迈克尔·莫里的《如何管理你的全球声望：动态的国际公关指南》④、西蒙·安浩特的《竞争性身份认同：创新的国家、城市和地区品牌管理》⑤ 等。其中，安浩特提出的国家品牌化（Nation branding）概念非常有影响力：正如商品需要塑造品牌形象一样，国家也可以通过旅游推广、出口品牌、政府决策、对外投资、文化交流以及公众交流等六个方面进行品牌形象的塑造。⑥

（二）有关日本的中国形象研究

有关日本对中国形象认知的研究大多来自于中国学者和日本学者。随着中日之间的经济联系日益紧密和双边关系的变化发展，关于日本对华认识的研究也逐渐增多，研究范围也涉及多个方面，包括日本对中国国际地位的认识、日本对中国民众的认识、中国形象在日本媒体上的呈现等，涵盖了历史、文学、国际关系、跨文化交流等多个学科领域。按照研究视角的不同，我们将现有研究文献进行如下梳理：

---

① 李正国：《危机公关、媒体角色与国家形象的修复》，《中国广播电视学刊》2006年第3期。
② 涂光晋、宫贺：《北京奥运与国家形象传播中的议程》，《中国广播电视学刊》2008年第7期。
③ Michael Kunczik, *Images of Nations and International Public Relations* (Mahwah: Lawrence Erlbaum, 1997).
④ Michael Morley, *How to Manage Your Global Reputation: A Guide to the Dynamics of International Public Relations* (New York: New York University Press, 1998).
⑤ Simon Anholt, *Competitive Identity: The New Brand Management for Nations, Cities and Regions* (New York: Palgrave Macmillan, 2007).
⑥ Ibid.

1. 代表人物视角

日本各领域的代表性人物一定程度上主导了特定历史时期日本对中国的整体认识。因此,一些研究着重分析日本政治、军事、文学等领域的历史名人对中国的认识及其时代背景和内在根源,以此作为当时日本对华认识的代表。一些期刊文章关注特定历史名人如福泽谕吉、内藤湖南、夏目漱石、芥川龙之介、村上春树等。也有文献关注某一特定群体的对华认识,如刘家鑫在《日本近代知识分子的中国观》一书中分析了后藤朝太郎、长野郎等日本知识分子对中国社会、中国人及中日关系的看法。①

2. 历史变迁视角

很多文献从中日关系史的角度出发,对不同历史时期日本的中国观进行纵向的比较,分析其变化的趋势及特点。如王屏的《论日本人"中国观"的历史变迁》通过回顾中日往来中的重大历史事件分析了日本人中国观的四次变迁。② 严绍璗的两篇代表性文章《20 世纪日本人的中国观》③ 和《战后 60 年日本人的中国观》④ 分别按照日本的中国观的特点和中国社会发展进程将一个较长的历史时期分为不同的历史阶段,结合史料和自身经验,从比较文化的角度进行分析。

3. 特定历史事件视角

除了关注较长时间跨度的研究外,一些文献专注于某一特定历史事件,分析由特定事件所反映出的日本对华认识。如沈海涛通过研究九一八事变的相关史料来分析近代日本的中国观⑤,以及张雅晶对日本媒体与知

---

① 刘家鑫:《日本近代知识分子的中国观》,南开大学出版社 2007 年版。
② 王屏:《论日本人的中国观的历史变迁》,载《中日两国的相互认识——第四届日本研究青年论坛论文集》,世界知识出版社 2003 年版,第 19 页。
③ 严绍璗:《20 世纪日本人的中国观》,《泰安教育学院学报岱宗学刊》1999 年第 2 期,第 37—46 页。
④ 严绍璗:《战后 60 年日本人的中国观》,《日本研究》2005 年第 3 期,第 3—13 页。
⑤ 沈海涛:《日本的中国认识与九一八事变》,《东北史地》2011 年第 4 期,第 10—15 页。

识界如何认识"文革"所进行的研究。①

4. 文化交流视角

以文化交流视角进行研究的文献主要有三类。第一类主要关注日本文学领域所呈现的中国形象,涉及小说、游记等不同形式的文学作品。如李雁南的博士论文《近代日本文学中的"中国形象"》分析了近代日本的小说、日记、纪实文学等文学作品中的中国形象。② 第二类主要关注日本媒体上有关中国的报道所呈现的中国形象,如赵新利的论文《日本纪录片中的中国形象》③、张宁的专著《日本媒体上的中国:报道框架与国家形象》④、阮蓓倩的论文《中日相互报道与两国形象研究》⑤ 和刘林利的《日本大众媒体中的中国形象》⑥ 等。第三类主要是分析日本教科书中的中国形象,如谭建川的《日本教科书的中国形象研究》⑦。

5. 个人体验视角

一些学者对日本的中国形象的研究并没有采用严谨的学术研究方法,而是从个人的感受和经历出发,描述日本人对中国的社会发展、国民生活、大众文化、中日关系等问题的看法。相对而言,日本学者在这一方面的研究更能体现日本对中国的认识,代表作如天儿慧的《日本人眼里的中国》⑧ 以及加藤周一的《21世纪与中国文化》⑨。以《日本人眼里的中国》一书为例,该书不仅论述客观、观点明确,而且能够结合个人经历以小见大、深入浅出、通俗易懂地探讨"中国崛起"、中日关系、历史问题等较

---

① 张雅晶:《日本人的中国观——以文化大革命时期为中心》,《辅仁历史学报》2001年第12期。
② 李雁南:《近代日本文学中的"中国形象"》,暨南大学博士学位论文,2005年5月。
③ 赵新利:《日本纪录片中的中国形象》,《青年记者》2009年10月上。
④ 张宁:《日本媒体上的中国:报道框架与国家形象》,吉林人民出版社2006版。
⑤ 阮蓓倩:《中日相互报道与两国形象研究》,南昌大学硕士学位论文,2007年6月。
⑥ 刘林利:《日本大众媒体中的中国形象》,中国传媒大学出版社2007年版。
⑦ 谭建川:《日本教科书的中国形象研究》,北京大学出版社2014年版。
⑧ 〔日〕天儿慧:《日本人眼中的中国》(范力译),社会科学文献出版社2006年版。
⑨ 〔日〕加藤周一:《21世纪与中国文化》(彭佳红译),中华书局2007年版。

为严肃枯燥的问题，对于更好地理解日本人的中国观具有一定的参考意义。在书中，天儿慧教授提出中日间的最大问题是"相互误解"，并希望日本民众以理性、平和、求实的态度来看待中国和中日关系。

6. 原因分析视角

除了从多种角度对日本的中国观进行整理和阐述，也有学者对日本的中国观的形成及变化的深层原因进行了探究。这类研究大都强调西方现代性的价值立场对日本的中国形象的形成和发展产生的重要影响，并结合日本与亚洲和西方之间的关系变化进行现状分析和原因探讨。如周宁在《巨大的他者——日本现代性自我想象中的中国》中，通过分析"脱亚"和"兴亚"的内在联系，以及"去东方化"和"彼此东方化"的动机，指出日本的中国形象之所以具有"污名化"特征，是由于西方现代性迫使陷于现代性自我认同焦虑的日本需要不断从肯定西方形象、否定中国形象的"文化势利"选择中确认自身。① 吴光辉也认为："西方现代性的知识体系与价值立场，为日本提供了认识与考察'中国'形象的基准。日本描述的中国历史，不管是在地理上还是文化上，可以说都是一个非完整性的中国形象。"②

7. 综合性著作

除上述研究外，还有一些学术专著从多个角度较为全面地对日本的中国观进行研究，比较有代表性的如日本学者野村浩一的《近代日本的中国认识》，在进行时期划分的基础上，对各时期采用不同的方法进行探究，既有依据历史背景进行的综合性描述，也有将重点人物作为代表所进行的分析。③ 国内研究如吴光辉的专著《日本的中国形象》，从跨文化形象学、

---

① 周宁：《"巨大的他者"——日本现代性自我想象中的"中国"》，《天津社会科学》2011年第5期，第101—113页。
② 吴光辉：《日本的中国形象研究——理论与方法的探索》，《日语教育与日本学》2011年第1期，第151页。
③ 〔日〕野村浩一：《近代日本的中国认识》（张学锋译），中央编译出版社1999年版。

历史学和哲学角度对中国在日本的形象进行了分析和阐述①；杨栋梁主编的《近代以来日本的中国观》总结了 1840 年至 2010 年日本对华认识的阶段性特征和变化过程，注重日本各界（政界、经济界、民众等）对中国的认识，相较于其他专题性的或针对某一历史时期的日本对华认识研究更加全面广泛。②

整体来看，目前关于日本对华认识的研究涉及多个角度，比较全面，但各个角度也有各自的局限。以前三种视角展开研究的局限性在于，其所获取的材料主要来源于重大事件的历史记载，其所关注的人群主要为政界、思想界的知识精英，虽然具有一定代表性，但忽略了日本普通民众对中国的认识及日本大众文化对中国形象的反映。从国家形象的含义来看，日本对中国形象的认识应该具有整体性，即在认知主体上既包括知识精英，也包括普通民众，在认知对象上既包括重大历史事件反映出的中国的国际地位、经济发展水平等宏观方面，也包括大众文化、国民形象等微观方面。以文化交流视角展开的研究大多是基于特定范围内的研究资料，比较容易操作，但也会带来局限于某些媒体报道或某几部文学作品的问题，缺乏对时代背景和文化基础的整合，难以取得对日本的中国观的深入认识。以个人体验出发所进行的描述可以作为学术专著的补充，但由于反映的是作者的个人体验，因而不可避免地具有一定的主观性，且难以形成体系化的描述分析。探究深层原因的研究大多是理论层面的研究，其分析过程非常抽象，很少涉及具体事例或代表人物，很难与日本对华认识的外在表现结合起来。

---

① 吴光辉：《日本的中国形象》，人民出版社 2010 年版。
② 杨栋梁主编：《近代以来日本的中国观》，江苏人民出版社 2012 年版。

二、日本民众眼中的中国形象

(一) 日本民众对中国的第一印象

在第一次调查中,当问到日本民众"一提到中国,您首先想到的是什么"这个问题时,中国饮食是被提及最多的一项,共有 67 次。除了笼统地提到中国饮食之外,具体的食品或菜肴也多有提及,如饺子(15 次)、麻婆豆腐(6 次)、北京烤鸭(4 次)、包子(3 次)、馒头(2 次)、杏仁豆腐(2 次)、炒饭(2 次)、煎饼(1 次)等。"人多"被提及的频率仅次于"中国饮食",达到了 58 次。其次为熊猫(48 次)、长城(46 次)、共产党/共产主义(30 次)、历史悠久(29 次)、毛泽东(29 次)、国土广阔(26 次)、红色(24 次)等。

图 4-1 列出了提及频率超过 10 次的中国印象。可以看出,日本民众对中国的文化符号象征(长城、熊猫等)、政党/政治体制特征(共产党/共产主义、毛泽东、红色、天安门等)以及历史元素(三国志等)印象深刻。除了以上列出的这些以外,孔子、书法、故宫、唐装、太极拳、胡同、李白等这些中国文化因素也被提及,中国的计划生育政策、贫富差距、人权问题、食品安全问题等也有出现。

(二) 日本民众对中国的总体印象和评价

在谈及对中国和中国文化的总体印象时,去除回答不知道者,八成以上的日本被访者都赞同中国具有悠久的历史,中国文化与众不同。六成的被访者认为中国是个多元文化的国家。但仅有三成的被访者认为中国文化很吸引人。图 4-2 列出了具体的数据。通过回归分析发现,被访者对"中国是一个文化很多元的国家"和"中国具有悠久的历史"的赞同程度与

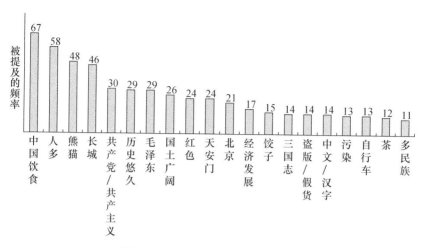

图 4-1 日本民众对中国的第一印象
数据来源：第一次调查。

其年龄、受教育程度显著相关。年龄越大、受教育程度越高的被访者越倾向于认为中国历史悠久、文化多元。同时，受教育程度越高的被访者越赞同"中国文化很吸引人"这一表述。

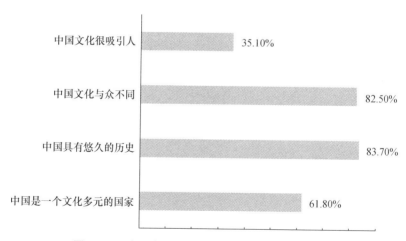

图 4-2 日本民众对中国及中国文化表述的赞同比例
数据来源：第二次调查。

在问卷调查中,我们沿用雷默在《淡色中国》一文中引用2004—2006年BAV使用的八个评价中国的形容词:可靠可信、令人愉悦、有创新力、有领导力、有创新力、颇具魅力、不断发展、坚定不移、充满活力的,让被访者在0到10级上对中国进行评价,其中0为非常不同意,10为非常同意。总的来说,被访者对这些形容词所代表的中国形象的认同度都比较低,每一项的平均得分都低于5,处于不同意的范畴。也就是说,总体上,日本民众并不认同这些描述。相对而言,得分最高的是充满活力、坚定不移和不断发展这三个维度,而在可靠可信、令人愉悦等方面的评价尤其低。图4-3显示了日本民众在各个维度上对中国的评价得分。

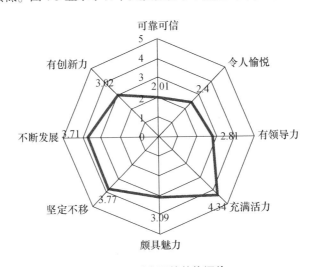

图 4-3 对中国的整体评价

数据来源:第三次调查。

当问及中国对世界和平与发展的影响时,仅有12.6%的被访者认为中国正面影响了世界的和平与发展,近六成的被访者对此持负面的看法,还有近三成的被访者持中立态度或表示不知道(如图4-4所示)。被访者关于"近五年中国正面影响世界的和平与发展"的看法与被访者的年龄、政党属性显著相关。年龄越大的日本民众越倾向于支持"近五年中国正面影响世界和平与发展"这一观点；不隶属于任何政党的日本民众更倾向于认为中国正面影响世界的和平与发展。

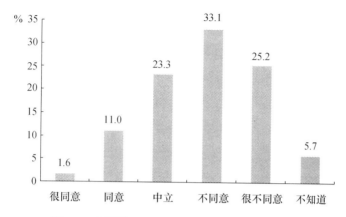

图 4-4 中国是否正面影响了世界的和平与发展？
数据来源：第二次调查。

在访谈中，驻华的日本媒体记者表示，中国近期不断增强海洋势力、派驻海军进驻西太平洋并在南海问题上态度强硬等做法是让日本国民产生威胁感的最重要的原因。这也是绝大多数日本民众并不认同中国的发展对世界的和平与发展有正面影响的原因。

日本学者对此的态度相对中立一些。在中国对世界的和平与发展的贡献问题上，一位日本学者同时也是中国问题专家指出："发展是和平的一个条件，在这一点上中国的贡献很大，非洲就是很好的例子。非洲最近的发展，主要原因是中国的帮助。所以在经济方面，中国的贡献很大；但是在安全问题方面，中国制造的摩擦比贡献大，当然贡献也有。比方说在亚丁湾，日本和中国的海军合作得很好；在东南亚发生灾害的时候，中国军队的贡献也很大。总的来说，非传统安全方面的合作还是不错的。在传统安全方面，中国想要把美军从东海、南海排除的想法在增强。如果这样的想法是主流的话，冲突是不可避免的。"

另一位日本学者指出："按照中国目前的发展速度，如果中国能够做一个负责任的大国,当然对世界和平有很大的贡献。但是,中国强大了之后要往哪个方向发展目前是个未知数。如果能做一个负责任的大国当然好,但是也不排除中国会做一个不负责任的大国。"

在调查中,大多数被访者对"中国的发展对日本而言具有积极意义还是消极意义"持消极或中立态度,仅有两成的被访者认为具有积极意义。(见图4-5)被访者的态度与其受教育程度和是否有中国朋友有显著的相关性。受教育程度越高的被访者,对这一问题的态度越倾向于中立;而有中国朋友的日本人,更倾向于认为中国的发展对日本具有积极意义。

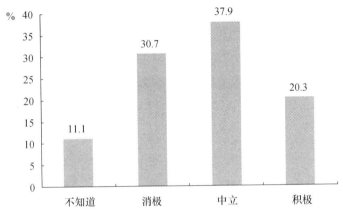

图4-5 中国的发展对日本而言具有积极意义还是消极意义?
数据来源:第二次调查。

在访谈中,多数日本记者和学者表示,中国的发展对日本应该说是有利有弊,并且在很多方面是利大于弊。中国军事力量的增长在大多数日本民众看来是对日本的威胁;而在经济上,大量中国人到日本旅游和购物所带来的消费增加对日本的经济发展是很有利的。根据日本观光厅在2015年7月30日发布的数据,2015年上半年赴日中国游客数量达到217万人次,超过韩国成为访日的第一大客源国,扭转了日本的旅游赤字。[①] 另

---

① 《拯救经济:中国成日本第一大客源国》,《参考消息》2015年8月2日,http://tech.huanqiu.com/news/2015-08/7165749.html。

外，一位日本学者表示："中国和日本在经济上进行合作的可能性还是很大的。虽然现在中日之间的经济互补性不像20世纪七八十年代那么强①，甚至在很多领域是竞争关系，但仍然存在很多合作的空间和可能性。譬如说合作改善中国的空气污染状况，因为对这个问题日本人也有经验，日本的空气也曾经经历过不好的阶段。"

（三）日本民众对中国的亲近感和喜爱程度

在问卷调查中，我们列出了"与中国做生意、到中国旅游、到中国学习、到中国工作和移民到中国"五种与中国交往的具体形式，来考察日本被访者对中国的亲近度。通过被访者对五种交往形式的意愿程度（5级量表，从"很不愿意"到"很愿意"）来测试他们对中国的亲近感。我们把"很不愿意"赋值为1，"很愿意"赋值为5，计算出被访者对每种交往形式的愿意程度。平均值越高，意愿程度越强烈。总体上，被访的日本民众对五种形式的交往意愿度都比较低，各个方面的评价都低于中间值3。除了到中国旅游的意愿值为2.27之外，其余都低于2。也就是说，总体上，日本民众并不愿意到中国工作、学习、做生意、旅游等。（参见图4-6）考虑到我们的调查对象是在日本生活的民众，鉴于语言、生活习惯等差异，日本民众对此问题的回答也不意外。

在俄罗斯、中国、印度、德国和美国五个国家中，日本人最喜欢的国家是美国，比例高达48.9%，其次为德国（36%）、印度（9.3%）、中国（4.1%），喜欢程度最低的是俄罗斯，仅有1.5%的日本民众表示喜欢俄罗斯。（参见图4-7）从上述数据可以看出，日本自近代以来向欧美等西方国家学习的经历在很大程度上带来了日本对欧美国家的亲近感。在访谈

---

① 20世纪七八十年代，中日经济互补性强，日本需要中国的能源和市场，中国需要日本的技术和资金。

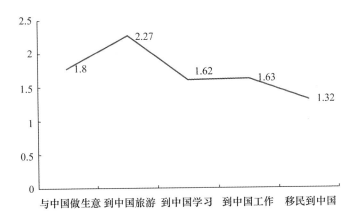

图 4-6　日本民众与中国交往的愿意程度
数据来源：第三次调查。

中，多位日本的记者和学者提到日本民众在日常生活中接触到的美国文化和欧洲文化比较多，包括电影、书籍、新闻媒体等，这也在一定程度能够说明为什么日本民众更喜欢美国和德国。喜欢俄罗斯的比例最低，很重要的原因是近代以来日俄之间的领土争端。而日本与中国之间互相不喜欢对方，很大程度上也与历史问题和领土争端有关。

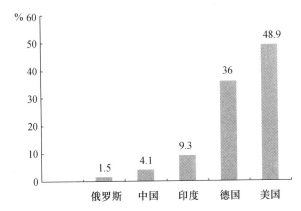

图 4-7　日本民众对中、美、德、俄、印五国的喜爱程度
数据来源：第二次调查。

调查中，喜欢美国的508名被访者表示，他们喜欢美国的主要原因是美国的政治民主和经济发达；喜欢德国的374名被访者表示，他们之所以喜欢德国，主要是因为德国的公民素质高、环境优美、社会稳定；喜欢印度的97名被访者表示，他们喜欢印度的主要原因是印度的公民素质高，并且有灿烂的文化；喜欢中国的43名日本人表示，他们喜欢中国的主要原因是中国的灿烂文化和高速发展的经济；而仅有的16名喜欢俄罗斯的日本民众则指出俄罗斯的灿烂文化和社会稳定是他们喜欢的主要原因。由此可以看出，中国悠久灿烂的文化和高速发展的经济对日本民众还是有一定吸引力的。问题是如何让更多的日本人喜欢中国文化和中国快速的经济发展，从而产生更多热爱中国的友好人士。表4-1列出了日本民众喜欢各个国家的不同原因及比例。

表4-1 日本民众喜欢各个国家的不同原因比例

	美国 $N=508$	德国 $N=374$	印度 $N=97$	中国 $N=43$	俄罗斯 $N=16$
社会稳定	14.0%	30.2%	4.1%	7.0%	25.0%
环境优美	8.5%	34.0%	10.3%	25.6%	12.5%
灿烂文化	11.2%	17.1%	26.8%	53.5%	50.0%
政治民主	42.1%	27.3%	12.4%	4.7%	6.3%
经济发达	29.7%	23.5%	19.6%	20.9%	0
外交和平	8.3%	13.9%	18.6%	2.3%	6.3%
公民素质高	13.2%	50.3%	39.2%	7.0%	18.8%

数据来源：第二次调查。

三、调研分析

（一）日本希望中国做个"温柔的巨人"

我们的调查数据显示，仅一成的日本民众认为中国正面影响了世界的和平与发展，也仅有两成的日本民众认为中国的发展对日本有正面的影响。这个结果应该说是日本普通民众的一个综合看法。同时,访谈中,所有的嘉宾都表示一个稳定的、发展的中国对日本很重要。中国国力的强大,给日本带来了更多的贸易收入,也使更多的中国人走出国门,到日本旅游、投资,推动了双方的交流,这些对日本都是非常有益的。如果中国的钱主要用于技术创新、利民工程、经济合作,那对日本、对整个东南亚以及整个世界都有着举足轻重的作用。访谈中,一位学者直言,现在的问题是,"中国越发展,越引起邻居担忧,所以必须持续地讲和平发展。如果不强调和平发展的话,其他国家是非常担心的。我们的立场是中国稳定发展好,如果中国出现经济严重停滞的状况,社会肯定会乱,这也必然会影响到周边国家包括日本"。

近些年来,虽然中国一直讲和平发展,但是周边国家对中国崛起的担忧并未减少,原因就在于中国不断增强的军事力量和与周边国家的领土争端。而这与中国的经济发展有很大关系。一位访谈嘉宾指出,中国近些年要求恢复历史性权利,包括对钓鱼岛和一些南海岛屿的权利,是引发周边国家恐惧的重要原因,也是调查数据中日本民众对于中国发展对世界和平和日本发展持消极态度的主要原因。

如果从日本的实际利益考虑的话,一个动乱的中国或者特别强大的中国,对日本都没有好处。因此,中国既没有强大到足以威胁日本,同时社会也不要乱,经济又可以正常发展,不要绝对超越日本可能是最好的结果。但是,正如一位访谈嘉宾所言,"中国已经是强国了,最好的结果,就是强大了以后,中国能够做个温柔的巨人。如果在中国动乱和中国强大之间选择,温柔的巨人是日本最好也是唯一的选择"。

(二) 日本人不愿来华的主要原因

调查数据显示,日本人来华旅游、学习、工作等的意愿都比较低。访谈的日本嘉宾也都提到一个现象,那就是近些年来,愿意来中国留学和旅游的日本人在逐年减少。在20世纪八九十年代,来华旅游和求学的日本人很多。我们访谈的记者和学者中有四个人曾经在八九十年代来中国学习或旅游。为什么近些年来日本人不愿意来中国呢?环境污染问题是一个重要原因。一位日本学者说,日本也曾经历过空气污染的阶段,深知环境污染对身体造成的巨大伤害。媒体上关于中国雾霾问题的报道以及各种环境事件的频发,使日本父母不愿意送孩子来中国留学。日本来华旅游人数的下降,也与环境污染紧密相关。

另一个非常重要的原因就是中日关系的恶化,尤其是2005年、2012年在中国多个城市发生的反日示威游行,使很多日本民众担心他们在中国的人身安全问题。在访谈中,一位刚来中国不到半年的日本记者非常坦诚地告诉我们,他在来中国之前很害怕,担心挨打,来到中国之后发现身边的中国人其实非常友好,自己的担心完全是多余的。还有一位学者指出:"中国政府的海洋扩张战略使日本人对中国产生恐惧,对中日关系产生消极影响。如果能够改善中日关系,日本国民对中国的情绪和认识也会改变,想去中国看一看的想法也会增多。"应该说中日关系的恶化使日本民众从心理上不愿意与中国接近,因此拒绝来华旅游或留学也便成为一个理性的选择,而这又进一步加深了双方的误解。

(三)日本对华亲近感下降的原因

问卷调查中,相对于美国、德国、印度和俄罗斯,仅有4%的日本民众表示喜欢中国。当我们向访谈嘉宾提起这一数据时,一位学者指出,日本民众的对华情感与近年来中日两国频发的危机事件息息相关。每当有危机事件发生的时候,日本民众对华亲近感就会下降。危机过后,又会有一定的提升。这一点通过日本内阁府自1978年开始的舆论调查数据也可以清楚地看出来。图4-8中的实线代表的是对华有亲近感的日本民众比例,虚线代表的是对华无亲近感的比例。可以看出,近些年确实是日本国民对华亲近感最低的时候。20世纪80年代是日本民众对华亲近感最强的时期，也是日本民众大量访华的阶段。90年代随着日本经济泡沫的出现、中国的崛起以及中日关系的变化，日本民众对中国的亲近感开始下降，到2000年之后随着教科书问题、参拜靖国神社、钓鱼岛争端等事件的激化，中日关系进一步恶化，日本民众中对华有亲近感的人数比例持续下降。2014年10月日本内阁府的调查显示，只有14.8%的日本民众表示对华有亲近感，而高达83.1%的日本民众都表示对华没有亲近感。

正如上述日本学者所言，如果把日本内阁府的舆论调查结果与一些重要事件进行关联，就会发现，每当有重大事件发生，日本人对中国的亲近感就有所下降。1978年日本人对中国的亲近感是非常高的，达到了70%以上。在1989年突然下降，就是因为北京政治风波。到1996年的时候，有一个低点，重要原因就是那一年对台湾的军事演习，之后有一些不大的起伏，但是从2004年开始有一个比较大的向下的拐点，主要因为2004年亚洲杯足球赛的时候中国人对日本队的嘘声，以及赛后发生的暴力事件。2005年比较低，主要是因为中国发生了大规模的反日大游行；2012年也是同样的原因。2008年的毒饺子事件是造成日本舆论下降拐点的原因，接下来2010年的突然下降主要是因为钓鱼岛海域附近发生的中日撞船事件。所以，从图4-8可以很直观地看到，当中日之间有重大事件发生的时候，日本舆论调查对中国的亲近感就会下降，而没有事情发生的时候，相对就会有所缓和。

为什么近年来日本民众对中国的亲近感下降、印象变差呢？图4-9的数据列出了日本内阁府调查中提到的各类可能的原因，以及认同这些原因的日本民众的比例，其中深色为2014年的数据，浅色为2013年的数据。以2014年的数据可以看出，超过半数的日本民众认为中国采取不同于国际规则的行为（55.1%）、中国在确保资源能源粮食等行为上以自我为中心（52.8%）、中国因为历史问题批评日本（52.2%）、中日之间围绕钓鱼

第四章 日本人眼中的中国形象

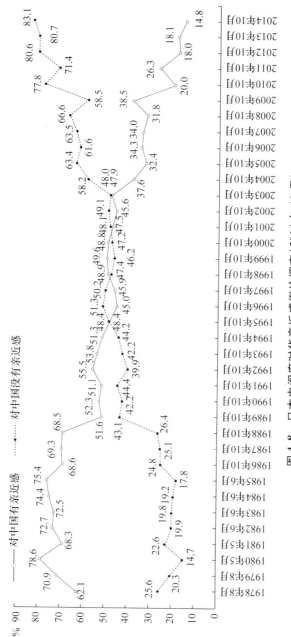

图 4-8 日本内阁府对华亲近感舆论调查（2014 年 10 月）

数据来源：日本内阁府：《外交舆论调查》，http://survey.gov-online.go.jp/h26/h26-gaiko/zh/z08.html。

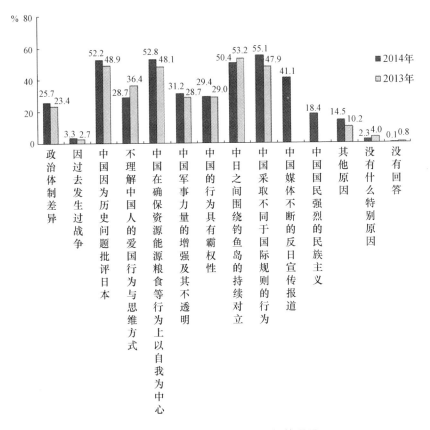

图 4-9　日本民众对华亲近感降低的原因

数据来源：言论 NPO—中国日报社：《第十次日中共同舆论调查》，http://www.genron-npo.net/world/genre。

岛的持续对立（50.4%）等四个原因造成了日本民众对华亲近感的降低，其他原因如中国媒体不断的反日宣传报道、中国军事力量的增强及其不透明、中国的行为具有霸权性、不理解中国人的爱国行为与思维方式以及政治体制的差异等则分别占到了 41.1%、31.2%、29.4%、28.7% 和 25.7% 的比例。还有一些原因，如中国国民强烈的民族主义（18.4%）、因过去发生过战争（3.3%）等。从日本民众罗列出的上述原因可以看出中日之间现实利益的竞争和情感方面的考量是造成对华亲近感下降的主要原因。

四、策略建议

对于如何改善日本民众对中国的亲近感，或者改善中日民众对彼此的印象，加强中日之间的交流沟通是最重要的举措。在访谈中，一位日本学者指出，人们主要是通过日常得到的信息来形成自己对某些事物的认识，因此他并不担心中国人对日本的印象问题，反而比较担心日本人对中国的印象。现在很多中国人得到有关日本的信息，除了去日本有一些亲身经历以外，主要是通过媒体报道，中国媒体上有很多负面的东西，再加上日本侵略中国的历史问题等，所以会对日本产生不好的印象。随着越来越多的中国人到日本旅游、了解日本的真实情况，中国人民的对日情绪会有所好转。目前的关键是如何改变日本人对中国的态度。现在日本媒体上也充斥着大量关于中国的负面信息，但是越来越少的日本人愿意来中国亲眼看看真实的中国，所以他们就只能通过媒体的负面信息认识中国，也就很难全面准确地了解中国。所以这位学者表示，他更担心日本人对中国的印象，一旦固化，很难改变。

对于这一点，我们基本上同意这位日本学者的观点。中国人对日本的看法是宏观上不喜欢，微观上比较喜欢。宏观上来说，日本侵略过中国，日本领导人参拜靖国神社，日本教科书美化侵略历史，中国人看了媒体上报道的这些宏观的东西，一般都不会喜欢日本。但是，微观上来说，那些去过日本、真正了解日本的中国人，他们看到日本的社会、日本的治安、日本的商品、日本的文化，就会很喜欢，这是很实际的喜欢。所以，我们在中国媒体上也会经常看到报道说中国游客在日本疯狂抢购电器、日用品等报道。正因为这种微观上的喜爱，中国民众因为媒体报道的宏观原因对日本产生的负面印象，在中日政治关系好转、媒体报道导向转变的时候，对日本的好感度立刻就会上升。

而日本人看中国更多的是微观的东西，当然宏观也有。宏观上来说，比如"中国威胁论"，一些没有来过中国的日本人可能会受媒体的影响，不喜欢中国。但是，这一点在中日关系改善、媒体报道转向的时候也是比较容易改变的。而微观上来说，日本民众不喜欢中国，比如中国的食品安全、环境污染、腐败等问题，这些问题更多的是中国自身的问题，改变起来也并非一朝一夕就能完成。只要这些微观层面不改善，就很难改变日本民众对中国的印象。从这个角度来说，改变日本民众对中国人的态度难度更大。

第五章
日本人眼中的中国文化

文化在一国国家形象的塑造中起着举足轻重的作用。通过文化，可以深层次地沟通人们的心灵，形成思想深处的交流，增加人民之间的理解和信赖，塑造一国民众对他国的深层印象。文化因素通常植根于人们的内心，并可以直达灵魂深处，所以文化交流的作用通常是潜移默化的、持续深远的，并非一般的政治交流或者经贸活动所能取代。

中日两国文化交流的历史源远流长，既包括文学、音乐、舞蹈、书法、宗教等传统文化方面的相互交流，也包括政治、经济领域的制度文化的相互学习。关于中日文化交流的历史，在本书的第一部分已经有所论述。那么，中日两国的文化交流对于日本民众眼中的中国形象有怎样的作用？今天的日本人如何看待中国的传统文化？日本人对当今中国的政治经济制度有哪些了解？中日之间如何通过文化架起一座沟通的桥梁，从而增进两国人民之间的理解，改善中日关系？本章将结合问卷调查与深度访谈的数据，对这些问题进行探讨。

一、文化与国家形象

（一）相关研究文献

关于文化因素对一国国家形象塑造的积极作用，之前的学者已有不少研究，主要集中在国际传播和国际关系领域。国际传播领域的研究主要关注文化作为传播的内容主体,在书籍、报刊、广播影视、互联网、手机等媒介的跨国和跨民族传播和各类文化交流中对一国国家形象塑造的作用、影响因素、产生的问题以及解决方案。西蒙·安浩特从国家品牌角度出发,提出了改善一国形象的六个有效渠道,其中之一就是文化交流活动。①

　　国际关系学者重点关注文化因素对一国外交、国家利益的推动和促进,通常使用"文化外交"这一术语来指代这一影响。具体来说,文化外交指一国政府所主导的利用各类文化交流活动实现其外交政策的目标,包括增进相互理解、实现国家利益、改变刻板印象,改善国家形象等。②很多文化活动都隶属于文化外交范畴,包括文学艺术、语言教学、图书出版、艺术表演、书画展览、体育活动、电影动漫、新闻传媒、人员交流、文化产品贸易、文化遗产保护等。相对于政治、军事外交而言,文化外交更加平和、柔软,往往通过"润物细无声"的方式影响国外公众。文化外交的精髓和目标就是提升一国的软实力,即一国通过展示其政策、价值观和文化吸引力来实现其国家利益。③ 例如,好莱坞电影将美国的大众文化带到世界各个角落的同时,也把美国的自由民主思想和美国梦的种子撒播到了世界的各个角落;法国文学和文化的艺术魅力所散发的强大吸引力,不仅引发了世界范围内法语的学习热潮,也使法国的入境游客多年来高居不下;韩国的电影和电视剧所引发的"韩流"不仅席卷亚洲各国,塑造了韩国社会和国家的良好形象,而且带动了韩国旅游的快速增长,对于韩国服装、美妆产品的销售也有很强的推动作用;日本的动漫作品风靡全世

---

① Simon Anholt, *Competitive Identity: The New Brand Management for Nations, Cities and Regions* (New York: Palgrave Macmillan, 2007).
② Simon L. Mark, "Rethinking Cultural Diplomacy: The Cultural Diplomacy of New Zealand, the Canadian Federation and Quebec," *Political Science*, Vol. 62, No. 1, 2010, pp. 62—83.
③ Joseph Nye, Jr., *Soft Power: The Means to Success in World Politics* (New York: Public Affairs, 2004), p. x.

界,以至于日本外务省任命了世界各国家喻户晓的卡通形象"哆啦A梦"作为日本历史上第一位"动漫文化大使",承担向全世界宣传日本动漫文化和提升日本对外形象的重任。

西方学者对文化外交的研究要早于国内学者。美国外交官鲁斯·麦克穆雷和穆纳·李合著的《文化方式:国际关系中的另一途径》总结了自1900年以来,法国、德国、英国、美国、日本等国家的文化交流项目,并提出文化交流可以增进不同国家间的信任感。[①] 入江昭教授在《文化国际主义与世界秩序》一书中指出文化思想和人员之间的跨国交流可以营造出国家间互利、互信、合作的良好氛围,是稳固国际关系的基石,是解决世界动荡的方法之一;并提出没有跨越国界的思想交流不会有稳定的国际秩序。[②]

国内有关文化外交的研究专著近年来也不断涌现,如胡文涛的《美国文化外交及其在中国的运用》[③]、李智的《文化外交:一种传播学的解读》[④]、彭新良的《文化外交与中国的软实力:一种全球化的视角》[⑤]和王晓德的《美国文化与外交》[⑥] 等。除此之外,还有大量的期刊论文和学位论文研究文化外交以及文化与国家利益的关系等。

文化内涵的多层次性带来了文化外交形态的多层次性。一般来说,文化可以分为三个层次:(1)表层物质文化,是可感知的、具有物质实体的

[①] Ruth McMurray and Muna Lee, *The Cultural Approach: Another Way in International Relations* (Chapel Hill: University of North Carolina Press, 1947).
[②] Akira Iriye, *Cultural Internationalism and World Order* (Maryland: The Johns Hopkins University Press, 1997). 他把国际文化主义定义为:"旨在通过思想和人员的交流,通过学术合作或通过有助于跨国间理解的种种努力而把各个国家或民族联系在一起的各种活动。"
[③] 胡文涛:《美国文化外交及其在中国的运用》,世界知识出版社2008年版。
[④] 李智:《文化外交:一种传播学的解读》,北京大学出版社2005年版。
[⑤] 彭新良:《文化外交与中国的软实力:一种全球化的视角》,外语教学与研究出版社2008年版。
[⑥] 王晓德:《美国文化与外交》,世界知识出版社2008年版。

文化，包括饮食文化、服饰文化等；(2) 中层制度文化，指人类在社会实践中建立的政治、经济、社会和法律制度等；(3) 深层价值观文化，即思想、信仰和道德等文化价值观。据此，可以将文化外交形态由浅入深、由表及里地划分为三个层次：即表层的物质文化交流、中层的制度文化输出、深层的核心价值观文化传播。①

(二) 中国的文化外交实践

近年来，为改善自身形象，提高中国文化软实力，中国开展了一系列的文化交流活动，这些都是文化外交的一部分，包括：(1) 中国文化年（双边国家约定，在特定时间和特定区域内，以文化为载体，以各种文化表现形式为载体开展的国家公关活动），如英国、法国、意大利的"中国文化年"、俄罗斯"汉语年"等。文化年活动能够在较长一段时间内使相关国家公众近距离接触中国文化、亲身感受中国文化，为推动中国文化走出国门起到了很好的作用。(2) 举办各种大型体育赛事、文化展览、文艺演出等文化交流活动，来展示一国文化，增进公众交流与理解，如北京奥运会、上海世博会、西安园博会和刚刚获得申办权的2022年北京—张家口冬奥会等。(3) 在世界范围内创办孔子学院（学堂），推广汉语和中国文化。一国语言向世界的传播不仅代表了一国文化的吸引力和影响力，而且对于增进国家、民族之间的相互了解和沟通也有着重要作用。欧洲各国在这方面有着很好的实践，如法国的法语联盟、德国的歌德学院、西班牙的塞万提斯学院、意大利的但丁学院等都是欧洲国家推进本国语言向世界传播的教育机构。(4) 通过中国政府奖学金、HSK优胜者奖学金以及"孔子学院"奖学金等各种奖学金项目吸引海外学生到中国留学，深入学习中

---

① 简涛洁：《冷战后美国文化外交及其对中美关系的影响》，复旦大学博士学位论文，2010年，第32—34页.

国文化、了解中国社会，培养对中国的亲近感。

中国近年来的文化外交的实践，不论是文化年还是孔子学院，大多仍然以单向的文化展示、文化推介居多，也就是说，还基本停留在表层文化的交流层面，而在制度文化、价值观传播、人员的往来、学术交流与合作等深层交流方面还相对薄弱。前歌德学院中国区总院长、现为孔子学院总部高级顾问的阿克曼先生在参加"中华文化怎样'走出去'"论坛时指出，文化交流有三个阶段：首先是接触，出于好奇或其他原因接触一国文化；然后是交流，双方通过相互的沟通学习增进了解；最后是合作，即双方因为共同的目标而相互合作，从而增进彼此之间的感情和理解。[①] 我国的文化外交实践基本还处在接触和交流阶段，还没有真正发展到双向合作的阶段。

二、日本人眼中的中国传统文化

（一）日本民众对中国文化符号的认知与喜爱

在调查中，日本民众对中国文化符号的认知度是比较高的。在列出的28个中国文化符号中，超过99%的被访者知道长城、中国烹饪、中华医药、大熊猫、汉字及书法，其中对长城的知名度高达99.9%。如图5-1所示，共有14个中国文化符号的认知度超过90%，已经成为代表中国的普及性文化符号，除了上面提到的六个文化符号，还包括旗袍/唐装、风水、中国功夫、儒家思想、中国丝绸、诗词、春节、端午节等。事实上，日本被访者对于中国文化符号的认知总体情况很好，即使排名最后的北京天坛公园也有44.8%的被访者表示知道。

---

① 《中华文化怎样"走出去"论坛6日全文实录》，凤凰网，2011年11月6日，http：//culture. ifeng. com/huodong/special/zhonghuawenhua/content-3/detail_ 2011_ 11/06/10450871_ 0. shtml。

日本人眼中的中国形象

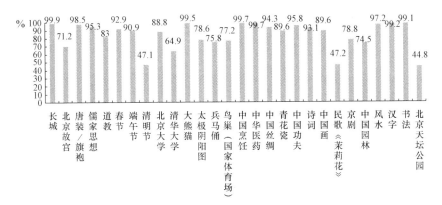

图 5-1　日本民众对中国文化符号的认知度
数据来源：第三次调查。

问卷所列的 28 个文化符号概括来说可以分为五类：(1) 中华文化象征性符号，如长城、北京故宫、大熊猫、兵马俑等；(2) 艺术符号，如诗词、中国画、京剧、民歌《茉莉花》、书法、青花瓷等；(3) 生活方式符号，如春节、端午节、清明节、中国烹饪、中华医药、中国丝绸、唐装/旗袍等、中国功夫、风水等；(4) 哲学思想符号，如儒家思想、道教、太极阴阳图等；(5) 教育符号，如北京大学、清华大学等。整体来说，日本民众对中国的文化象征性符号和生活符号认知度较高，这两类符号中的很多认知度都在 90% 以上。

相对于对中国文化符号较高的认知度，日本民众总体上对中国文化符号的喜爱程度偏低。在问卷中，我们把"非常不喜欢"赋值为 1，"非常喜欢"赋值为 5，以此类推，计算出日本民众对他们所知道的文化符号的喜爱程度的均值，均值越高，说明对该文化符号的喜爱程度越高。如图 5-2 所示，日本民众最喜爱的四个中国文化符号为中国烹饪、大熊猫、长城和汉字，除了中国烹饪均值为 4.26，介于比较喜欢与非常喜欢之间，其余都低于 4，并且大多数都是 3，也就是中立态度。对不同类别的文化符号的分类比较可以看出,日本民众对文化象征性符号、生活符号、教育符号的喜爱程度较高,而对哲学思想符号、艺术符号的喜爱程度偏低。同时,调查数据显示,年龄越大的日本民众对中国文化符号的喜爱程度越高。

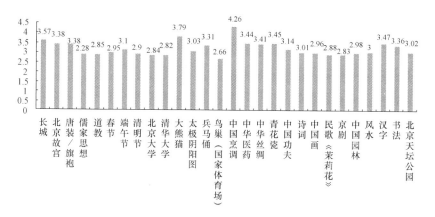

图 5-2　日本民众对中国文化符号的喜爱程度
数据来源:第三次调查。

(二) 日本民众对中国文化表现形式的兴趣和接触

第二次调查问卷的数据显示,日本民众最感兴趣的中国文化表现形式是中餐(56.6%),这与第一次调查中日本民众对中国的第一印象吻合。除中餐外,日本人最感兴趣的中国文化表现形式是中国历史(53.3%)、中国的名胜古迹(36.3%)和中国功夫(23.6%)等,其次为中国建筑与园林(16.1%)、中国电影(15.9%)、汉字(15.2%)、中国杂技(15.0%)等,感兴趣的比例都在10%到20%之间,日本人最不感兴趣的中国文化形式是中国舞蹈(2.6%)、戏剧(4.3%)等。另有14%的调查者表示,他们对图5-3中列出的中国文化表现形式都不感兴趣。

同时，调查数据显示，被访者对中国文化感兴趣的程度与他们的性别、年龄和汉语水平显著相关。其中，女性比男性对中国文化更感兴趣；年龄越大的被调查者对中国文化越感兴趣；会讲汉语的被调查者比不会讲汉语的对中国文化更感兴趣。

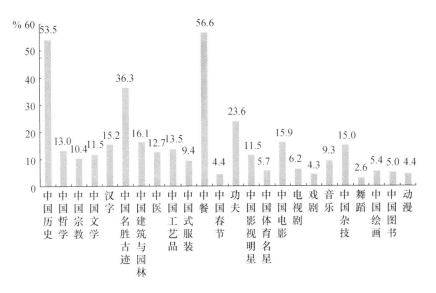

图 5-3　日本民众对中国文化感兴趣的百分比
数据来源：第二次调查。

问卷调查同时分析了日本人在生活中接触到的中国文化形式。从图 5-4 可以看出，中餐是日本人接触最多的中国文化表现形式，比例高达 60.5%。其次为中国历史（27.9%）、汉字（21.5%）和中国电影（17.4%）。对于其他中国文化表现形式，日本人的接触相对较少，低于 10%。更有 18% 的被访者表示，他们对列出的中国文化表现形式都没有接触过。

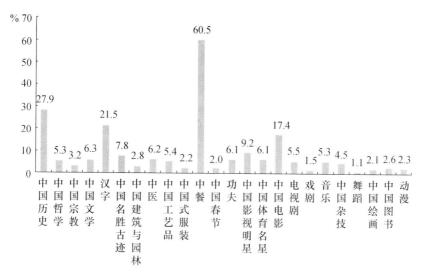

图 5-4　日本民众对中国文化形式的接触度百分比
数据来源：第二次调查。

同时，在问卷中我们有针对性地选取了汉语、中餐、中医和功夫几个方面，重点探讨日本民众对这几类文化表现形式的接触程度。

1. 汉语学习

如图 5-5 所示，有 14.3% 的被访者表示学习过汉语，还有 21.4% 的被访者表示出未来学习汉语的愿望，而 64.3% 的被访者表示没有学过汉语，也不想学汉语。

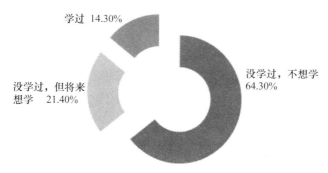

图 5-5　被访者学习汉语的情况
数据来源：第三次调查。

学习过汉语的被访者中有71.4%不使用汉语,有24%的被访者偶尔使用汉语,只有4.6%学过汉语的被访者会经常使用汉语。

2. 中餐食用

问卷同时调查了被访者食用中餐的情况。超过9成的被访者在过去一年中曾至少吃过1次中餐,只有8.9%的被访者声称过去一年里没有吃过中餐。有72.7%的被访者平均每月吃1—5次中餐,有12.3%的被访者表示每月吃6—11次中餐,还有2.3%的被访者声称自己平均一个月吃中餐的次数超过24次,表明中餐很受日本民众的欢迎。

调查显示,日本民众普遍比较喜欢中餐。由图5-6的数据可以看出,高达87.4%的被访者表示很喜欢或比较喜欢中餐,只有4.8%表示很不喜欢或较不喜欢中餐。根据5级量表,"很不喜欢"赋值为1,"很喜欢"赋值为5,被访者对中餐的喜好度均值为4.38,表明还是比较喜欢的。

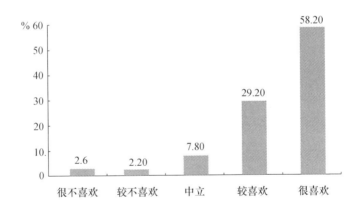

图5-6 日本民众对中餐的喜欢程度

数据来源:第三次调查。

3. 中医治疗

日本民众对中医的疗效基本上持较为肯定的态度。如图5-7所示,超过六成的被访者认为中医能够治疗疾病,只有10.8%的受访者对中医能治病持否定态度,另外还有19.3%的被访者态度中立。我们把"根本不能"赋值为1,"很能"赋值为5,计算出日本民众对中医疗效评价的均值为3.77,即日本民众偏向于认为中医还是比较能够治疗疾病的。

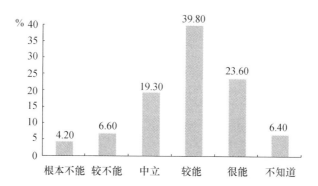

图5-7 日本民众对中医能否治疗疾病的看法
数据来源:第三次调查。

4. 中国武术

日本民众对中国武术的好感度整体上处于中立态度。我们把"非常不喜欢"赋值为1,"非常喜欢"赋值为5,计算出日本民众对中国武术的好感度的平均值为3.08,处于中立态度。具体数据见图5-8。当被问到是否赞成把中国武术列为奥运会项目,有35.5%的被访者反对,11%的被访者赞成,43.1%的被访者持中立意见。我们把"非常反对"赋值为1,"非常赞成"赋值为5,计算出日本被访者对中国武术列为奥运会项目的赞成度均值为2.58,即基本上持反对意见。问卷还调查了被访者练习中国武术的情况,绝大多数的被访者(97.8%)过去一年内没有练习过中国武术。

日本人眼中的中国形象

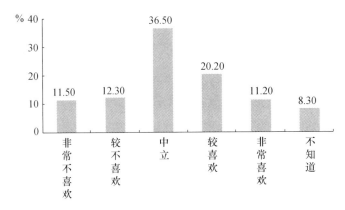

图 5-8 日本民众对中国武术的态度

数据来源：第三次调查。

(三) 日本民众对中国文化产品的购买情况与喜爱程度

日本民众对问卷所列九类中国文化产品整体的消费状况不佳，平均购买量不高。但是，我们也注意到中国文化产品在日本仍有较大潜力，每种文化产品都有一定的消费人群，而且在购买过中国文化产品的被访者中，平均购买量较好。由此可见，中国文化产品在日本有一定的市场，但是需要增加日本民众对中国文化产品的接触机会，进而培养其购买习惯。具体数据见表 5-1。

表 5-1 日本民众对中国文化产品的购买情况

中国文化产品	被访者整体平均购买量	购买过的被访者		
		人数	所占百分比	平均购买量
中国图书	0.73	185	15.1	4.82
中国期刊	0.38	104	8.5	4.53
中国电影音像制品 DVD	0.51	143	11.67	4.35
中国音乐制品 CD	0.52	147	12	4.36
中国电视剧音像制品 DVD	0.36	101	8.24	4.42

(续表)

中国文化产品	被访者整体平均购买量	购买过的被访者		
		人数	所占百分比	平均购买量
中国工艺美术品	0.69	202	16.49	4.19
中国动漫游戏产品	0.31	55	4.49	6.87
中国原创玩具（例如，风筝、空竹等）	0.65	192	15.67	4.15
中国字画	0.64	178	14.53	4.39

数据来源：第三次调查。

在调查中，三分之一的被访者曾经购买过中国文化产品。在问卷列出的三种购买渠道中，在本国商场购买是首选渠道，超过半数的被访者选择这种方式。其次是到中国旅游时购买和网购。具体数据见图5-9。

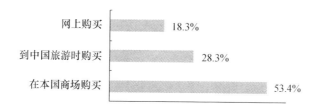

图5-9 日本民众购买中国文化产品的渠道
数据来源：第三次调查。

总体来说，日本民众对中国文化产品的购买意愿较低。在调查中，我们将购买中国文化产品的意愿由低到高量化为从0到10的量表，并计算出被访者购买中国文化产品意愿的均值为2.61。这说明，总体上日本民众对中国文化产品的购买意愿偏低。

在调查中，当问及日本民众关于中国文化产品及其服务品牌的认知度时，京剧和北京故宫博物院排在前两位，认知度分别为65.3%及53.1%；其次为北京全聚德烤鸭（36.7%）。超过三成的被访者知道"欢乐春节"和综艺舞台剧《少林雄风》。认知度最低的是中国文化年，只有12.2%的日本民众表示知道这一文化交流活动。具体数据见图5-10。

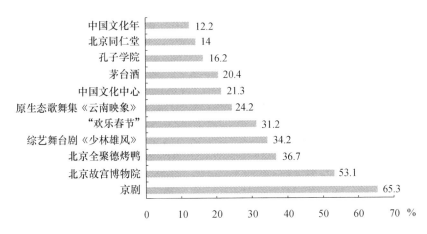

图 5-10 日本民众对中国文化产品和服务品牌的认知
数据来源：第三次调查。

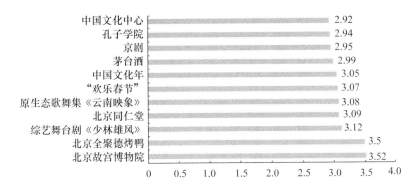

图 5-11 日本民众对中国文化产品品牌的喜爱程度
数据来源：第三次调查。

问卷同时调查了日本民众对这些文化产品的喜爱程度。我们把"很不喜欢"赋值为1，"很喜欢"赋值为5，计算出日本民众对中国文化产品品牌喜爱程度的均值，均值越高，说明对该文化产品品牌的评价越高。由图5-11可以看出，总体上日本民众对中国文化产品和服务品牌的喜爱程度不高，基本上处于中立态度。排在第一位的北京故宫博物院的均值也仅为3.52，介于中立与比较喜爱中间。其次是北京全聚德烤鸭、综艺舞台剧

《少林雄风》等，排在最后的是中国文化中心。

（四）日本民众对孔子学院的评价

孔子学院是为开展汉语教学、推广中国文化、加强中外文化交流而建立的非营利性质的中外合作教育机构，也是中国政府近年来大力推进的文化外交活动。自 2004 年 11 月中国在韩国首尔设立第一所孔子学院以来，截至 2014 年底已经在世界上 120 多个国家和地区建立了 475 所孔子学院，其中在日本就有 13 所孔子学院。从图 5-10 和 5-11 中可以看到，日本民众对孔子学院的认知度较低，仅有 16.2% 的民众表示知道孔子学院；对孔子学院的喜爱程度也不高，为中立态度。为了解孔子学院在日本的影响力，在问卷中我们询问日本民众孔子学院是否是他们了解中国文化的有效渠道。数据显示，半数被访者表示并不知道孔子学院，另有 23% 的被访者认为孔子学院对其了解中国文化没有帮助，仅有 27% 的日本民众表示孔子学院是其了解中国文化的有效渠道。绝大部分会汉语的日本民众对孔子学院都有了解，并肯定了孔子学院对他们学习汉语和传播中国文化的积极作用。可以看出，孔子学院在增进日本民众对中国语言文化的了解、加强中国与日本的教育文化交流合作等方面做出了一定的贡献。但同时也可以看出，孔子学院在日本民众中的影响力还比较弱，还没有形成有影响力的文化品牌，对中国文化的传播推广作用还没有完全显现出来。

（五）日本民众对中国文化价值观的认同

如图 5-12 所示，对中国的传统文化价值观，如仁（64.5%）、礼（62.9%）、孝（53.5%）、义（50.1%）等，超过半数的参与调查的日本人都持较为赞同的态度；对恕、天人合一、和而不同、和谐世界、以人为本等价值观，日本人也持较为赞同的态度，比例均高于三分之一；而对共同富裕、辩证思维、集体主义这些现代价值观的赞同度较低。正如前一章所言，日本人对中国的文化价值观有一定的认同，但是普遍认为中国人自身对这些价值观的认同度比较低。

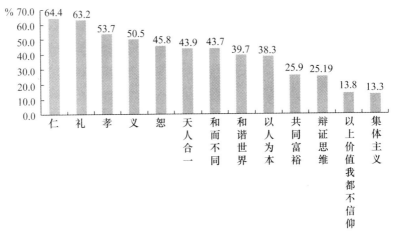

图 5-12　日本民众对中国文化价值观的认同度
数据来源：第二次调查。

（六）日本民众对中国文化的喜爱程度

如图 5-13 所示，在中国、美国、德国、俄罗斯和印度五国文化中，日本人最喜欢的是美国文化，比例超过 40%，其次为德国文化（26.5%）、印度文化（11%）、中国文化（9.2%），最不喜欢的是俄罗斯文化，比例仅为 3.3%。由此可以看出，虽然中日两国文化交流的历史渊源流长，并且历史上日本文化深受中国文化的影响，但是自近代日本推行西化政策以来，中国文化对日本民众的吸引力大大下降，日本民众对中国文化的喜爱程度也远远低于西方欧美文化。

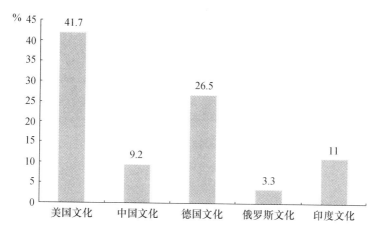

图5-13　日本民众对中美德俄印五国文化的喜爱百分比
数据来源：第二次调查。

三、日本人眼中的中国制度文化

（一）日本民众对中国现行社会制度和政党制度的了解

在问卷调查中我们问及日本民众对中国现行社会制度的认识，仅有不到三成（26.9%）的被访者能够准确回答。排除回答不知道者，有七成的被访者不知道中国现行的社会制度是社会主义制度，这其中包括16.4%的被访者认为中国实行的是资本主义制度，41.5%的被访者认为中国实行的是共产主义制度，还有8.5%的被访者认为中国是封建主义制度。这显示出日本民众对中国社会的了解不多，认识也是非常片面的。具体数据参见图5-14。

由图5-15可知，仅有四分之一的被访者知道中国今天的政党制度是中国共产党领导的多党合作制。排除回答不知道者，高达66.8%的被访者认为中国的政党制度是一党制，另外还有少数被访者认为中国的政党制度

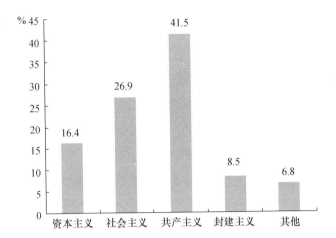

图 5-14　日本民众对中国现行社会制度的认识

数据来源：第二次调查。

是两党制和多党制。同时，数据分析显示，性别、受教育程度与是否会讲汉语对于被访者能否正确认识中国的政党制度有显著影响。男性、会讲汉语、受教育程度较高的日本民众更能准确认识中国的政党制度。

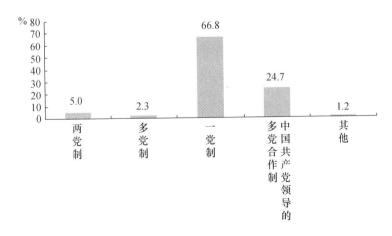

图 5-15　日本民众对中国政党制度的认识百分比

数据来源：第二次调查。

（二）日本民众对中国政治制度的评价

如图 5-16 所示，四分之一的日本民众认为中国的政治制度促进了中国的经济发展；有近四成的日本民众认为中国的政治制度制约了中国的经济发展；还有约 36% 的被访者表示"不知道"或持中立态度。当我们把"非常制约"赋值为 1，"非常促进"赋值为 5，将不知道设置为缺失值，计算出日本民众对于中国政治制度对中国经济发展的影响评价的均值为 2.75，介于"制约"与"中立"之间，说明大部分日本人更倾向于认为中国政治制度制约中国经济的发展。

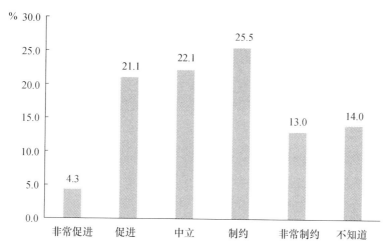

图 5-16 中国政治制度促进还是制约了中国的经济发展？
数据来源：第二次调查。

四、调研分析

通过对调研和访谈数据的分析，我们发现：

第一，中国文化对日本民众的吸引力降低。总体来说，日本民众对中国文化象征符号有较高的认知度，也在一定程度上表达了对中国文化象征符号的喜爱。但我们应该看到,这种较高的认同度更多地集中于对表层中国文化的喜爱,如饮食、中文、熊猫、长城等文化象征符号以及对传统文化价值观如仁、义、礼、智、信等的认同,而对制度性的中国文化认同度相对较低,对中国的政治和经济制度缺乏更多的了解。而目前影响中日两国关系的历史问题、台湾问题以及领土问题等更多地与制度性、价值观方面的中国文化相关。尤其在与美国、德国等西方文化比较时,中国文化在日本民众中的吸引力不强。

在访谈中,大部分日本记者和学者都表示非常喜欢中国的传统文化,对来自中国的传统文化,如山水画、瓷器、汉字、儒教等,接触也比较多。但是,因为这些传统文化已经深深地融入了日本文化,变成了日本文化的一部分,潜意识里很多日本人并不觉得这是中国文化。同时,现在的日本提倡个人主义,传统价值观越来越淡化。中国传统的仁义礼智信的价值观念,对年轻一代的日本人而言,很难接受,因为太理想化了。这与之前学者的一些研究结论基本吻合。如张丽在对索尼公司日本员工的访谈中发现,有很大一部分被访者表示对中国文化不是很感兴趣,也不太了解。同时,有超过40%的日本人一方面认为中日文化是相通的,承认中国文化是日本文化不可或缺的基础要素(比如他们认为儒家文化在日本有很深远的影响),但另一方面,他们又表示日本文化经过自己的演变和发展,已经并不同于中国文化。[1]

因此,虽然中国传统文化及其价值观因为历史上对日本的影响力,在今天仍有较高的认知度,但是因为日本社会的发展以及受到其他国家多元文化的影响,中国文化对日本民众的吸引力和影响力在降低,也就很难转化为中国的软实力。

---

[1] 张丽:《冷战后日本人中国观及其影响因素研究》,华东师范大学硕士学位论文,2013年。

第二，日本民众普遍对现代中国文化接触较少。我们的调查数据显示，日本民众对中国的现代文化，如书籍、电影、舞蹈、电视剧等接触得比较少。中国的作家、电影较少有在日本家喻户晓的作品。访谈中，一位日本记者指出，美国大众文化在日本最为普遍，很多日本人喜欢，尤其是年轻人。这与我们的调查数据相吻合。在调查中，相较于德国、中国、印度和俄罗斯，日本人最喜欢美国和美国文化。美国的电影、音乐、书籍等文化产品在日本很受欢迎。访谈中，这位记者同时提到，在亚洲国家中，韩国电影、电视剧在日本最多，也最有市场。尤其是2002年日韩共同举办世界杯，韩国文化，尤其是电影、音乐、电视剧等大量进入日本，对日本影响很大。访谈中，一位记者提到，日本中年女性最喜欢看韩国的电视剧。与韩剧相比，中国电视剧在日本比较少，也不受欢迎。这与中日关系的恶化有一定的关系，但主要还是中国电视剧的内容不被日本民众喜欢。

当然，在访谈中，也有学者表示，他一开始只对中国历史感兴趣，对中国现代文化并不感兴趣，但是在来中国之后，慢慢开始喜欢中国的流行音乐和电视剧。这位学者最喜欢的歌手是王菲，经常会买王菲的CD。访谈时，这位学者正在看电视剧《武媚娘传奇》，最初是为了学习汉语，但是慢慢就觉得故事很有意思，通过故事就能了解中国人的想法和思维方式与日本有哪些不同。我们问这位学者在日本的时候是否有接触中国电影和电视剧，他很坦诚地说："在日本并没有那种自觉的意识要接触中国的东西。唯一能接触的就是专业方面——中国政治。还有，我是横滨人，横滨有条最大的中华街。除此之外，我并不会刻意看中国电影、演出等。"

总的来说，大多数日本人对中国现代文化的兴趣不高，接触也很少。如果有机会，很多日本人也有可能会喜欢上中国的电影和音乐，但是因为在日常生活中缺少接触的机会，而一般的日本民众也不会刻意去寻找，所以大多数日本民众很难对中国文化产品主动产生兴趣。因此，如何提升中国音乐、电影、电视剧的吸引力，是一个亟待解决的问题。这一点上，我们需要向美国和韩国学习。美国和韩国的音乐、电影、电视剧等文化产品不仅在日本受欢迎，在中国也很有市场。

第三，缺乏对中国社会、政治、经济制度的了解影响日本民众对中国的评价。我们的调查数据显示，仅有不到三成的日本民众对中国现行的社会和政治制度有准确的认识。正因如此，绝大多数的日本民众对于中国社会政治制度的评价都是建立在他们错误的认知之上。这也是为什么绝大多数的日本民众都认为中国现有的政治制度阻碍了中国的经济发展。相对来说，了解中国国情、研究中国问题的日本学者对中国政治制度的评价更为客观和理性。访谈中，一位日本学者也是中国问题专家，认为中国的政治体制对于中国的经济发展有重要的推动作用，并指出："过去30年，中国在宏观经济管理方面做得很好，这是非常值得肯定的方面。"

另一位日本学者表示，一个国家的制度没有好坏之分，只有适合与否。中国的政治制度是中国人民自己的选择，也是适应中国发展需要的。在中国这样一个国土辽阔、人口庞大的国家，权力的集中是必要的。另外，对中国而言，对稳定的追求大于一切。没有了国家的安定团结，其他一切都是空谈。而要稳定，必须大力发展经济，解决国民的吃饭问题。中国现行的政治经济制度应该说成功地做到了这一点，中国已经跻身世界第二大经济体的行列，国民的物质生活水平得到了很大的提高。普通日本人缺乏对中国的了解，尤其是对中国社会及其政治制度的了解，因此对中国政治体制的评价较为消极也很正常。从这个角度上说，加强中日国民之间的相互了解是必要且急迫的。

五、策略建议

通过调研数据的分析，我们发现，日本年轻人对中国文化的认知和喜爱程度相对较低，而中日两国的年轻人决定着中日关系的未来。因此，在针对日本的文化传播中,应该尽可能地通过年轻人喜爱的微博、博客、视频网站等社交网络和线上活动传播中国文化,使日本年轻人能够接触到中国的音乐、影视作品等,拉近他们与中国文化的距离。同时,应该通过体育活动、科技创新大赛等方式增强中日两国学生之间的联系和了解。另外,通过政府奖学金项目以及其他类型的教育合作吸引日本学生来华留学,为日本留学生创造与中国学生沟通交流的机会,使日本年轻人能够深入了解中国文化、社会、政治和经济制度等,增进两国年轻人的理解和信任。2012年4月,香港知名企业家、早年曾留学日本东京大学的曹其镛先生向北京大学捐资2000万元建立"北京大学中日青年交流中心"①,用以加强中日两国青年学生的交流与沟通,加深互信与友谊,进而为改善中日关系和促进东亚地区的稳定发挥作用。这一项目安排中日学生住在一起,方便两国学生进行日常沟通、参加文娱活动、深入交流思想,产生了非常不错的效果。

在加强针对日本年轻人的文化传播以及中日年轻人间的文化交流的基础上,还应该努力拓展中日之间的民间文化交流。中国政府曾经在中日文化交流中扮演了非常重要的角色,但是随着近些年中日关系的恶化,两国政府间的文化交流活动有所减少。在中日邦交正常化之前,中日两国在经贸和文化领域的民间交流曾经发挥了巨大的作用。在今天的中日关系背景下,应该增强中日两国的民间文化交流与合作,缓解两国的紧张关系。历史上不乏通过民间文化交流开启两国封闭大门的典范。20世纪70年代初,乒乓外交打破了中美两国的长期对峙,为两国政府之间的正式接触疏通了道路。2008年2月,美国纽约爱乐乐团一行250余人自北京抵达平壤,开始了历史性的"朝鲜之旅",使朝美两国文化交流迈出了历史性的一步。尽管朝美两国仍然关系紧张,但此次文化交流无疑对两国加深了解起到了

---

① 已更名为"北京大学亚洲青年交流中心"。

积极的效果。

今天中日两国的关系相较于美朝关系或者20世纪70年代的中美关系,无疑要好很多,因此增加各种形式的民间文化交流对于增进两国人民的感情、改善中日关系更是有着非凡的意义。正如国务院前副总理李岚清同志在2001年访问法国时所说:"文化交流是思想的交流,感情的交流,心灵的交流。"那就让中日之间的文化交流开启两国的思想、感情和心灵沟通之旅吧。

第六章
日本人眼中的中国媒体

大众媒体作为对外传播的重要渠道，对中国国家形象的塑造起着举足轻重的作用。近年来，随着中国对文化软实力和国家形象的关注，中国媒体的对外传播能力也日益受到重视。包括新华社、《人民日报》、中央电视台、中央人民广播电台、中国国际广播电台等在内的主流中国媒体都在积极拓展其对外传播能力，以更好地向世界传播中国文化、观点和视角，提升其国际影响力。那么，中国媒体在对日本的文化传播和信息交流中有着怎样的作用？日本民众又是如何看待中国媒体的报道？中国媒体对中日关系及中国形象的塑造有着怎样的影响？在本章中，我们将结合问卷调查的数据对这些问题进行探讨，并进而分析媒体报道与国家形象之间的相互关系。同时，通过对日本记者的深度访谈数据，我们对日本媒体上有关中国报道的选题标准及其背后的动因也进行了分析。

一、媒体与国家形象

大众媒体作为重要的信息来源，其信息报道的准确与否、真实与否、客观与否以及报道的形式、选题和数量，在很大程度上会影响人们对事物的认识、判断以及行为。传播学中有关议程设置和框架理论的研究都针对这一媒介效果进行了探讨。

马尔科姆·麦库姆斯和唐纳德·肖两位学者最早提出议程设置理论，指出媒体对某一事件的报道量的多少和版面的安排会影响受众对这一事件重要性的认识，进而影响人们的舆论导向和行为。① 韦恩·旺达等学者发表的一项研究发现，媒体对与美国相关的国际冲突、恐怖主义、犯罪、毒品等国际新闻报道量的增加，确实引发了美国人对这些议题的更多担忧。② 斯图尔特·索洛卡的一项研究也发现，在美国和英国，公众对外交事件的关注在很大程度上都是源于大众媒体的报道。③

框架理论进一步指出，大众媒介通过对新闻素材的"选择和凸显"，即"选择某一事件的特定方面，并在传播文本中加以凸显"，从而促成对某一问题的"独特界定、因果解释、道德评价以及处理方式"。④ 在新闻报道中，媒体常常通过设置议程和构建新闻框架来凸显某种内涵和思想，宣传和维护特定的利益或价值观，进而影响受众对人物或事件的理解和决策。保罗·布里尔等学者通过控制实验的方法研究了媒体报道一国发生的事件时所采用的新闻框架对其国家形象的影响。实验发现，当美国媒体的新闻框架关注墨西哥政府在控制毒品方面的努力以及积极与美国合作打击毒品走私的时候，美国民众对墨西哥持较为正面的印象；而当新闻框架关注墨西哥毒品泛滥及其对美国造成的不良影响时，美国民众对墨西哥持较为负面的印象。⑤ 另外，韦恩·旺达等人结合民意调查和内容分析数据，

---

① Maxwell McCombs and Donald L. Shaw, "The Agenda-setting Function of Mass Media", *Public Opinion Quarterly*, Vol. 36, No. 2, 1972, pp. 176—187.

② Wayne Wanta and Yu-wei Hu, "The Agenda-setting Effect of International News Coverage: An Examination of Differing News Frames", *International Journal of Public Opinion Research*, Vol. 5, No. 3, 1993, pp. 250—264.

③ Stuart N. Soroka, "Media, Public Opinion and Foreign Policy", *Press/Politics*, Vol. 8, No. 1, 2003, pp. 27—48.

④ Robert Entman, "Framing: Toward Clarification of a Fractured Paradigm", *Journal of Communication*, Vol. 43, No. 4, 1993, p. 52.

⑤ Paul R. Brewer, Joseph Graf, and Lars Willnat, "Priming or Framing: Media Influence on Attitudes toward Foreign Countries", *Gazette: The International Journal for Communication Studies*, Vol. 65, No. 6, 2003, pp. 493—508.

研究了媒体报道与公众对一国形象认知之间的相关性，发现美国媒体对他国的负面报道往往引发美国民众对该国的负面印象。①

有研究表明，当情况许可的时候，人们更喜欢根据亲身经历和个人感受来作判断，但是当没有机会亲身经历或者很难获得一手资料的时候，人们主要还是通过大众媒体做出判断。② 鉴于大多数人缺少在他国的亲身经历，人们对他国的认知与评价主要是基于大众媒体的报道。这也使大众媒体对一国国家形象的塑造至关重要。

现有研究中，有很多都是分析日本媒体报道与中国国家形象的关系。刘林利的专著《日本大众媒体中的中国形象》在介绍日本大众传媒现状的基础上，梳理和归纳了日本主要报刊媒体的中国报道及其所折射的中国形象。③ 战琦和刘妍通过对《朝日新闻（英文版）》有关中国报道的内容分析，探讨了中国在日本的媒体形象及其对中国外宣工作的启示意义。④ 罗海龙结合国际政治理论和传播学理论，以建构主义视角宏观分析了日本媒体的对华报道及其所建构的中国形象。⑤ 阮蓓倩通过对日本媒体涉华报道的个案分析，比较了中日两国间的报道差异及其对两国国家形象的影响。⑥ 赵新利结合日本媒体对华报道的特点，分析了《中国铁道大纪行》和《激流中国》这两部日本纪录片中所展示的中国形象，指出日本媒体对中国的客观准确报道有助于日本民众了解真实的中国。⑦ 这些研究大多

---

① Wayne Wanta, Guy Golan, and Clseolhan Lee, "Agenda Setting and International News: Media Influence on Public Perceptions of Foreign Nations", *Journalism and Mass Communication Quarterly*, Vol. 81, No. 2, 2004, pp. 364—377.
② Diana Mutz, "Mass Media and the Depoliticization of Personal Experience", *American Journal of Political Science*, Vol. 36, No. 2, 1992, pp. 483—508.
③ 刘林利：《日本大众媒体中的中国形象》，中国传媒大学出版社2007年版。
④ 战琦、刘妍：《从日本主要报纸涉华报道看国家形象的树立》，《对外传播》2008年第9期。
⑤ 罗海龙：《日本大众传媒对华报道的建构主义分析》，河北大学硕士学位论文，2008年。
⑥ 阮蓓倩：《中日相互报道与两国形象研究》，南昌大学硕士学位论文，2007年。
⑦ 赵新利：《日本纪录片中的中国形象》，《青年记者》2009年10月上。

都是通过内容分析的方法分析日本媒体上展现的中国形象,较少有通过问卷调查的方式了解媒体对国家形象的影响。下面,我们主要将探讨日本人了解中国的渠道及对中国媒体的接触和评价,并分析媒体报道对日本民众中国观形成的影响。

二、日本人了解中国的渠道及对中国媒体的接触和评价

我们的调查发现,日本民众主要通过日本本国媒体了解中国,对中国媒体的接触和使用都非常少。同时,日本民众普遍认为中国媒体的报道不够客观、准确,因而也不信任中国媒体。

(一)日本人了解中国的渠道和方式

在第二次调查中,问卷的发放对象是生活在日本国内的日本民众,因此高达95%的日本人表示他们了解中国的主要渠道是日本的国内媒体,有14%的被调查者表示他们通过日本和中国之外的其他国家的媒体来了解中国。仅有9%的日本人表示中国大陆的媒体也是他们了解中国的渠道之一。从图6-1中的数据可以看出,在日本的中国人、中国商品和中餐馆也在一定程度上承担了中日交流形象大使的重任,成为日本民众了解中国的窗口。同时,我们也很遗憾地看到,中国政府近年来努力推进的以促进中国文化对外传播为重任的孔子学院在日本民众的影响微乎其微。

在我们的访谈中,很多嘉宾坦言,绝大多数不懂中文的日本人,基本上都是借助日本的国内媒体来了解中国。这也很正常,对于一般人而言,主要依赖本国媒体获取信息。因此,日本媒体如何报道中国在很大程度上直接影响日本人对中国的看法。

调查中,超过八成的日本民众表示他们了解中国最主要的传播渠道是

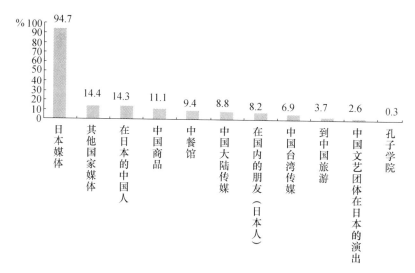

图 6-1 日本人了解中国的主要渠道
数据来源：第二次调查。

电视，这与电视媒体本身在公众中的影响力密不可分。网络和报纸也是主要的信息来源，比例均超过了五成；期刊（18.9%）、图书（14%）、广播电视台（7.5%）以及电影（6.1%）的影响力都较小，广告最少，仅为2.2%。（参见图6-2）在访谈中，在中国的日本媒体记者和学者也表示随着微博、微信等社会化媒体的发展，他们更多地通过网络渠道来获取新闻素材。同时，因为缺少与中国政府官员及其他信息源交流的机会，他们也

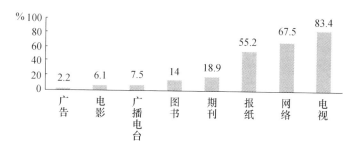

图 6-2 日本人了解中国的主要媒体形式
数据来源：第二次调查。

通过中国国内的媒体如新华社、人民日报、中央电视台、财新传媒等来了解中国政府的意向。但这些日本记者也指出，他们并不信任中国媒体，通常只是通过中国媒体的报道来证实他们的某些信息。

互联网等新媒体的发展使信息交流的效率大大提高，也使一国民众能够使用诸如Facebook、微博、维基百科等各种网络应用了解他国信息和资讯。调查数据显示，日本民众了解中国最常用的网络渠道是日本媒体的新闻网站。如图6-3所示，超过一半的日本民众主要依赖日本媒体的新闻网站了解中国，由此可以看出日本传统媒体的影响力；近三成的日本民众表示他们会通过维基百科查阅与中国相关的问题、事件等。除此之外，网络视频、广播网站、博客和微博等也是了解中国的网络渠道，其余的网络应用使用频率都相对较低。

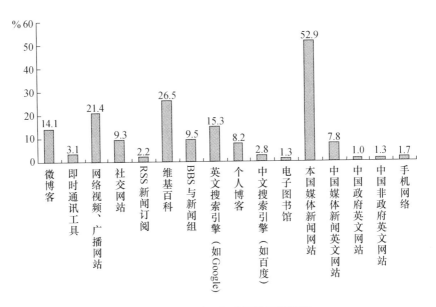

图6-3 日本民众了解中国的网络渠道
数据来源：第二次调查。

（二）日本人对中国媒体的接触与评价

在过去一年中，日本民众偶尔接触（1—5 次）的中国媒体中，频率最高的是中央电视台英语新闻频道，为 10.2%；其次为中文国际频道、中文《人民日报（海外版）》、中国通信社网站、新华网等，都超过了 5% 的比例。日本民众最经常接触（6 次及以上）的中国媒体是东北日语网（1.3%）、人民网的日语频道（1.2%）和中央电视台英语新闻频道（1.1%）等。（参见图 6-4）总体来说，日本民众对中国媒体的接触比较少。

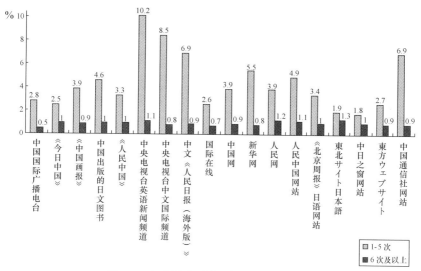

图 6-4 日本民众对中国媒体的接触频率
数据来源：第二次调查。

访谈中，除了一位日本学者说他会接到出版社朋友寄给他的《人民中国》赠刊之外，几乎所有的访谈嘉宾都表示他们几乎不接触中国的外宣媒体，如中国国际广播电台的日语频道或者新华网、人民网的日语专题等。懂中文的日本人更愿意通过新华社、《人民日报》等中国国内媒体来了解中国。这位学者表示在中国访学期间，他最常看的中国媒体是《人民日报》，因为从《人民日报》上能够了解更多中国政府的想法，以及政府想要让国民了解的信息。除此之外，他还经常看《财经》、财新等中国媒体，以及《大公报》等一些香港媒体。除了媒体之外，和中国朋友交流是他获取信息的一个非常重要的渠道。

日本民众对中国媒体的接触不多，有语言障碍、接触机会、收视习惯以及媒体自身的吸引力等诸多因素，但是媒体自身的吸引力是最为根本和核心的原因。因为在我们的第一次调查中，有三分之二的被访者是生活在北京的日本留学生和公司职员，他们中绝大多数人没有语言障碍，并且能够很方便地接触到各种类型的中国媒体，但是调查结果显示他们更倾向于通过网络方式选择日本国内媒体以及欧美的英文媒体，对中国媒体的接触依然很低，基本都不足30%。在我们的调查和访谈中，日本民众普遍表示对中国媒体的信任度不高。同时，与BBC、CNN等欧美强势媒体相比，中国媒体的国际知名度和影响力相对较弱。

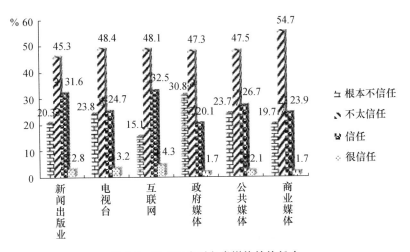

图6-5　日本民众对各类媒体的信任度
数据来源：第二次调查。

日本民众最信任互联网、公共媒体和路透社。图6-5列出了日本民众对各类媒体的信任度（排除回答不知道者）。可以看出，日本民众对互联网的信任度较新闻出版业和电视台要高。互联网作为一种双向沟通并允许用户自创内容的新媒介，在一定程度上摆脱了传统媒体和利益集团对话语权的垄断，促使了信息与话语体系的多元化。正是这一点使互联网赢得了人们更多的信任。同时，日本民众对公共媒体的信任度较商业媒体和政府媒体要高。在几大国际通讯社中，日本民众对路透社的信任度最高，其次为日本共同社、美联社和法新社，对我国的新华社的信任度最低，仅为12.3%。（参见图6-6）

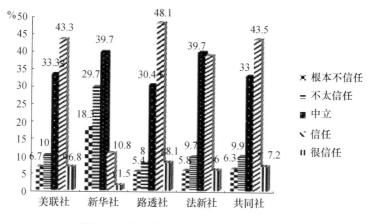

图6-6　日本民众对主要通讯社的信任度
数据来源：第二次调查。

日本人普遍认为中国媒体的报道不可信、不准确。从表6-1的数据可以看出，日本民众对中国媒体的信任度极低，仅有4%的被调查者表示他们信任或比较信任中国媒体。日本民众对中国媒体的总体印象是报道不准确、不公正，分析视角不够全面，报道不及时，并且可读性不强。这一方面与中国的媒体制度相关，另一方面也与日本人对中国的成见相关。在我们的访谈中，有日本学者表示，虽然日本媒体的报道也并非绝对准确和客观，但是因为日本媒体比较自由，各个媒体都有自己的立场，对中国的报道观点也不同。有些媒体对中国比较友好，有些不友好，所以只要多看几家媒体的报道，就能保证客观性。但是，中国媒体体制与日本的差异性使日本人认为中国媒体的报道受到政府的管制，因而并不信任中国媒体的报道。其实，在学者对日本媒体有关中国的新闻报道的内容分析中，也常常可见日本媒体的主观性和片面性报道，虽然不同的日本媒体报道立场和观点可能有所不同，但人们通常只倾向于选择那些与自己的立场观点相一致的媒体来接触，所以所谓的多样性并不一定带来客观准确性。

表6-1 日本民众的中国媒体印象

中国媒体	同意	不同意	中立/不知道	均值（1=不同意，5=非常同意）
可信	3.8%	67.2%	29.0%	1.99
及时	10.5%	40.0%	49.7%	2.52
分析视角全面	5.3%	58.3%	36.5%	2.17
准确	4.0%	64.6%	31.5%	2.04
公正	3.5%	67.3%	29.1%	1.94
可读性强	7.7%	29.7%	62.6%	2.61

数据来源：第二次调查。

（三）中国媒体对日本人的中国观的影响

当问及中国传媒是否有助于日本民众理解中国时，超过半数的日本民众（57%）表示没有帮助，另有三成的被调查者持中立意见，仅有一成左右的日本民众表示中国传媒对于他们理解中国有帮助。这一调查结果也很容易理解。一方面，日本民众对中国媒体的接触和了解非常之少；另一方面，日本民众对中国媒体不信任。当你不接触也不信任某一个媒体的时候，该媒体所提供的信息当然也便没有帮助了。

日本民众对中国媒体的接触和评价，是否会影响他们对中国形象的认知呢？为了回答这个问题，我们以日本民众对"中国是否威胁世界和平"的判断为因变量，以性别，年龄，是否会讲汉语，是否到过中国，是否有中国朋友，对中国文化的兴趣、接触和评价，以及对中国媒体的接触和评价为自变量进行了多元回归分析。如表6-2所示，性别、年龄、是否到过中国、对中国媒体的接触和评价都是影响日本民众"中国是否威胁世界和平"判断的显著因素。也就是说，男性、访问过中国的、年纪越大的、对中国媒体接触较少且评价越负面的日本民众更倾向于认为中国的发展威胁世界和平。由此可见，更多接触中国媒体的日本民众、对中国媒体评价更为正面的日本人，对中国的和平崛起越有信心。

表6-2 影响日本民众关于"中国是否威胁世界和平"判断的多元回归分析（N=1038）

自变量	中国是否威胁世界和平	
	Std. Beta	Total R^2
性别	0.11***	
年龄	0.10***	
是否会讲中文	0.02	
是否到过中国	0.07*	
是否有中国朋友	0.02	
对中国文化的兴趣	0.08	
对中国文化的接触	-0.06	
对中国文化的评价	0.02	
对中国媒体的接触	-0.10**	
对中国媒体的评价	-0.26***	0.12***

*$P \leq 0.05$, **$P \leq 0.01$, ***$P \leq 0.001$
数据来源：第二次调查。

同样的，我们以日本民众"是否喜欢中国"为因变量，以性别，年龄,是否会讲汉语,是否到过中国,是否有中国朋友,对中国文化的兴趣、接触和评价,以及对中国媒体的接触和评价为自变量进行了逻辑回归分析,试图找到影响日本民众喜爱中国的显著因素。表6-3的数据显示,男性、对中国文化越感兴趣、接触越多,对中国媒体接触越多、评价越正面的日本人,越表示喜欢中国。

表6-3 影响日本民众是否喜欢中国的各类因素的逻辑回归分析（N=1038）

自变量	Std. Beta	Wals	Exp（B）
性别	0.85*	3.89	2.35
年龄	0	0	1
是否会讲中文	−0.14	0.04	0.87
是否到过中国	0.27	0.41	1.31
是否有中国朋友	0.44	1.5	1.55
对中国文化的兴趣	0.14***	10.85	1.15
对中国文化的接触	0.15*	5.88	0.86
对中国文化的评价	0.41	1.86	1.51
对中国媒体的接触	0.10**	7.90	1.1
对中国媒体的评价	0.16***	12.05	1.18

Chi-square 70.63, $P<0.001$; *$P\leq0.05$, **$P\leq0.01$, ***$P\leq0.001$
数据来源：第二次调查。

从两次回归分析的结果可以看出,日本民众对中国媒体更多的接触和更正面的评价带来了对中国国家形象更正面的认知。由此可见,媒体在一国国家形象的塑造中起着举足轻重的作用。

三、调研分析

（一）日本媒体有关中国的报道增多,选题多为负面

虽然我们问卷调查的主要目的是了解日本民众对中国媒体的接触和评

价，但从调查结果中我们发现，日本民众主要依赖本国媒体获得有关中国的信息。因此，在对日本记者的访谈中，我们特别询问了他们在中国报道中的选题视角和报道倾向，以了解日本民众有关中国的认知来源。记者们表示，除了关注中日经济、文化交流、中国的科技尤其是航天技术的发展，日本企业在中国的活动之外，他们更多地关注中国的军事力量、环境问题、贫富差距、腐败问题、食品安全等信息，以及中日之间的矛盾。之所以关注这些问题，主要是因为这些问题与日本民众息息相关，也是日本民众最感兴趣的方面。譬如说，中国的蔬菜、饺子、包子等很多原料和食品都出口到日本，因此任何有关中国食品安全方面的报道都是日本人关心的话题。但同时，记者们也承认日本媒体对中国的报道有夸大的成分。

在我们的调查中，半数以上的日本民众认为日本媒体对中国的报道以负面为主，并且不够准确和客观。这一点在之前学者们对日本媒体的研究中也得到了印证。张玉通过对日本《朝日新闻》和《读卖新闻》1995年到2005年间有关中国的新闻报道进行了内容分析，探讨了日本媒体关于中国的政治、经济、军事、外交等九类主题的报道内容和视角，发现日本媒体中的中国报道总体上是中性偏向负面的。[1]

近年来，日本媒体关于中国的负面报道不仅在数量上显著增加，各类选题的内容比例也发生了很大变化。20世纪八九十年代，日本媒体关于中国的报道以经济新闻为主，相对比较客观。近些年来，随着中日关系的变化，关于中国的报道内容更多集中在中国的军事、环境、食品安全等领域。在我们的访谈中，多位记者指出关于中国军事力量增长的报道或者负面的、有威胁性的报道数量和比例在2000年之前大概只占中国报道的很小一部分，但是2000年之后这方面的报道突然开始占据很大比例。这对

---

[1] 张玉：《日本报纸中的中国国家形象研究（1995—2005）——以〈朝日新闻〉和〈读卖新闻〉为例》，《新闻与传播研究》2007年第4期。

日本民众的心理产生了很大影响，使日本民众更多感到了来自中国的威胁。

(二) 日本媒体的负面报道与民众情绪形成互动

访谈中，一位日本学者表示，日本媒体的中国报道与日本民众的情绪之间形成了一种恶性的互动循环。一方面，近些年日本媒体中有关中国的负面报道持续增多，尤其在2010年的撞船事件发生之后，日本媒体中充斥着怀疑中国的意图，带动了民众中讨厌中国情绪的持续蔓延；另一方面，日本媒体为了迎合民众讨厌中国的情绪，也会刻意选择有关中国的负面事件进行夸大和渲染。最终导致了负面报道的持续增多和民众厌中情绪的不断高涨。

日本媒体对中国的负面报道会引发日本民众对中国的负面情绪。关于这一点，传播学中的框架理论已经进行了很好的解释，即媒体对某一事件的报道倾向，包括事实和立场的选择、报道呈现的方式等，会影响受众对这一事件的认知和态度。但媒体为什么会迎合受众的情绪，并竭力提供与受众情绪相吻合的新闻产品呢？因为日本媒体绝大多数都是商业媒体。虽然媒体有很大的自主性，是立法、行政、司法这三个国家权力之外的第四权力，对政府也有着监督的作用，但是，商业媒体的运营需要民众的支持，如果民众不再愿意订阅某份报纸或观看某个电视台，那么这家报纸或电视台就面临生存危机。在这样的媒体生态下，一旦记者发现某一类型的新闻会受到民众的追捧，他们就会加大对此类新闻的报道，以此来吸引民众。近年来中日关系的恶化以及持续发生的有关钓鱼岛归属问题的冲突，使日本民众的厌中情绪在不断发酵，因而有关中国的负面事件也就成了媒体报道的热点。

（三）中日媒体报道受中日关系影响，媒体的选择性策略带来信息不对称

媒体的报道不可能做到完全客观，尤其是中日双方对彼此的报道在很大程度上受到中日关系大环境的影响，掺杂了不少感情化和民族主义的评价，影响了人们对事件的客观认知。当中日关系好的时候，媒体的关注点更多地放在双方的合作和优势互补上，而当双方关系恶化的时候，媒体的负面报道也随之增多，对同一事件的解读也会有所不同。一位研究中国政治的日本学者举例说，在中日关系好的时候，哆啦 A 梦在中国的流行是中日文化友好交流的例证，在中日关系不好的时候，就被中国媒体解读为日本对中国的文化侵略，这让他很难接受。

同时，媒体喜欢选择一些对自己有利的信息进行报道，而忽略它们认为对自己不利的观点。在中日双方的报道中，这一点尤为突出，造成了严重的信息不对称。如前所述，日本媒体在中国报道中，对于负面新闻的报道更为关注。中国媒体也经常出现强调一些信息而忽略另一些信息的情况。一位日本学者指出，中日之间的信息不对称是造成中日关系恶化的重要原因。这位学者举例说，中国媒体因为不喜欢日本首相安倍晋三，因此在报道中经常关注他的负面信息，而对安倍表达的希望中日友好的讲话视而不见。譬如说 2014 年 9 月在日本国会演讲中，安倍说："日本与中国，彼此无法割舍。中国的和平发展，对我国来说是一个巨大的机遇。我希望肩负着本地区和平与繁荣重任的日中两国，为建立稳定的友好关系，早日实现首脑会谈，通过对话进一步发展'战略互惠关系'。"对于这次讲话，中国媒体并没有报道。另外，2014 年 11 月 10 日，在中日首脑会谈中，安倍说："我想和习主席一起从大局、长远的观点来探讨 21 世纪的日中关系。我觉得，增进国民之间的相互理解、深化经济关系、实现在东海的合作、稳定东亚安全环境——围绕以上四点，双方开展多层面的合作是非常

重要的。"安倍的上述讲话，中方媒体也没有报道。

同样的，习近平主席在南京大屠杀死难者国家公祭仪式上发表了讲话。他说："我们为南京大屠杀死难者举行公祭仪式，是要唤起每一个善良的人们对和平的向往和坚守，而不是要延续仇恨。中日两国人民应该世代友好下去，以史为鉴、面向未来，共同为人类和平做出贡献。我们不应因一个民族中有少数军国主义分子发起侵略战争就仇视这个民族，战争的罪责在少数军国主义分子而不在人民。"日本媒体虽然对此进行了报道，但却没有将中日之间世代友好的愿望作为强调的重点，而在报道中更多关注了中日之间的不和谐因素。

当中日两国民众接触不到与对方相关的全面信息，其对双方的评价必然是片面的。因此，中日两国开展对话、解放思想、信息公开，是非常重要的。

四、策略建议

(一) 提高中国媒体的对外传播影响力

我们的调查和访谈数据都表明日本民众对中国媒体更多的接触和更为正面的评价，对他们正面评价中国有积极的促进作用。但遗憾的是，绝大多数日本人并不信任中国媒体，对中国媒体，包括传统媒体和网络媒体的接触和使用都非常低。之所以不信任中国媒体，最重要的原因还是不认同中国的媒体体制，认为中国媒体不自由，受到政府的管制，因而报道过于政治化。这一方面源于日本人对于中国媒体的成见，另一方面也与中国媒体自身的报道方式有关，如有受访者提到中国媒体报道中的信源缺失问题，也有受访者提到报道过于感情化的问题。因此，中国媒体应适当改变现有的新闻报道方式，了解国际受众的收视习惯和偏好，以一种国际受众可以接受的方式进行传播，努力创建有国际影响力的媒体品牌、媒体栏目，从而提高其在国际媒体竞争中的影响力和公信力。

近年来，中国政府积极鼓励中国媒体走出去，也采取多种方式提高其国际传播能力。国际传播能力提高的关键是获得国际话语权。英国广播公司（BBC）和美国有线电视网（CNN）这样的国际强势媒体的影响力就是来自于它们的话语权。因此，中国媒体，尤其是专注于国际传播的外宣媒体，应该找准定位，尽快转型，将自身打造为具有国际影响力的强势品牌，从而有效地把中国的形象和声音传递给包括日本在内的世界各国人民。

（二）引导日本媒体准确、客观地报道中国

我们的问卷调查和访谈数据都显示出日本媒体对中国的报道不够准确客观，而且以负面形象为主。这一方面受到中日关系的影响，另一方面与日本媒体记者获取有关中国的信源的困难、对中国历史和国情了解不多以及中日媒体从业人员之间缺乏相互交流等紧密相关。在我们的访谈中，多位日本记者指出，他们与中国官员尤其是领导人的接触机会太少，对一些重要事件的采访比较困难，不像在日本可以随时拦住某位议员采访，所以很难拿到一手的信源，而只能转引中国媒体的报道。同时，日本的一些驻华记者在来华之前对中国了解不多，对中国的很多问题理解起来比较困难，也就很难准确客观地报道中国。也有日本记者表示，中日媒体从业人员之间缺少同行交流，是造成相互不信任的一个原因。如果媒体从业人员之间能增加交流，了解彼此的工作习惯、思考方式，会有助于引导日本媒体准确、客观地报道中国。

如果日本媒体能够客观准确地展示一个真实的中国，对于日本民众了解中国、改善对中国的认识不无裨益。2007年日本NHK电视台拍摄的纪录片《中国铁道大纪行》就是一个很好的例子。《中国铁道大纪行》记录

日本人眼中的中国形象

了艺人关口知宏在 2007 年以搭乘铁路的方式走遍中国的全过程，行程基本没有什么事前安排，就是拍摄关口知宏乘火车背包游，画面都是中国铁路沿线的风景、中转城市的风貌以及与中国普通百姓一起交谈、吃饭、干活的情景。这个节目忠实记录了沿途经历，展现的是真实的中国和中国人，不仅收获了很高的收视率，而且节目组的博客还收到了大量的观众留言，纷纷表示通过观看这个节目对中国有了更深的了解。日本观众为中国的壮丽山河所吸引，为中国百姓的热情质朴所感动，也为对中国的误解与现实的差异而惊讶。一位 28 岁的日本女性观众留言说："我的哥哥一家将于明年 4 月到广州工作。幼小的侄子去中国这个未知的国度，我心里全是担心。但是看到关口的中国旅行，我对中国的印象发生了 180 度的转变。看到那么多中国人热情的笑脸和体贴的举动，我想侄子在中国会有非常可贵的人生体验。"① 另一位 56 岁的男性留言说："我因工作经常去中国出差，每次都会被中国人的'人情味、不认生'所吸引，不知不觉就喜欢上了中国，喜欢上了中国人。但是回到日本后，我却不知道如何把中国人的这种魅力转达给身边的日本人。看到这个节目后，我对妻子说：'太好了！这就是我想告诉大家的中国。'"②

从观众的留言我们可以看出，如果媒体没有任何的先入为主，真实地记录中国和中国人，就能够减少误会，增进日本人民对中国的认识和了解。今天，日本媒体上有很多关于中国的报道，但是鲜有不带主观判断的新闻。因此，两国的媒体人如果能够相互交流、增进理解、客观准确地报道对方，将对改善两国关系举足轻重。

---

① 赵新利：《中日传播与公共外交》，社会科学文献出版社 2012 年版，第 147 页。
② 同上书，第 149 页。

第七章
日本人眼中的中国人

一国国家形象的构建与该国国民展示出的精神面貌、文明程度和道德风尚息息相关。① 日本媒体上,经常有一些有关中国人在日本的犯罪行为的报道,或者中国游客在日本旅游消费时的种种不文明行为,以及与中国人与日本人打交道过程中不讲信用的报道。日本人眼中的中国人到底是怎样的形象?如何改善中国人在日本民众心中的形象?中国人的形象对中国国家形象的塑造有怎样的影响?在本章中,我们将通过调查和访谈的数据探讨这些问题。

一、国民形象与国家形象

多数关于国民形象的研究将其定义为"公民素质、行为、道德、理念和精神追求的抽象整体"②,并重点强调公民素质、道德修养等问题。解晓燕等学者提出国民气质也是国家形象的一部分,并指出中国大国形象的塑造"应该突出对于人权意识、规则意识、公理意识、责任意识、生态意

---

① Simon Anholt, *Competitive Identity: The New Brand Management for Nations, Cities and Regions* (New York: Palgrave Macmillan, 2007).
② 刘小燕:《从国民形象传播看国家文明形象的构建》,《国际新闻界》2007年第3期,第17—21页。

识、仁爱意识等方面的建设"①。

一国民众在日常生活以及旅游出行等方面表现出来的国民形象是一国国家形象的重要体现，也是改善一国国家形象的有效途径。国家品牌专家西蒙·安浩特（Simon Anholt）指出，大多数国家都可以通过六个渠道来提升国家形象，其中之一就是通过一国的民众自身所表现出来的处事态度、行为准则和道德理念。② 鲁子问指出，相对于以政府为主体的国家形象塑造活动，国民之间的交往所展现的民众风貌在很多时候可以起到更好的效果，因为以国民为主体的传播更加丰富多彩、具体真实，也更能打动人心。③

在一国国家形象的塑造中，由名人与普通人所代表的国民形象同等重要。首先，一个国家中有影响力的明星人物，如著名运动员、影视明星、知名作家等，因为其在国际舞台上的高知名度和曝光度，在塑造自身形象的同时，能够有效传播国家形象。在这个领域，中国最优秀的代表人物当属篮球明星姚明。从 2002 年夏天成为第一个以状元秀身份加盟 NBA 的中国球员到 2010 年退役的八年间，姚明在美国创造了一个独特的"中国符号"。姚明的勤奋、谦逊、善良、奉献、幽默、成熟——这些被东西方价值观所共同认可的品质，使其成为连接中美文化的"桥梁"与"文化大使"。④ CNN 北京站首席记者杰姆·弗洛克鲁斯在 2010 年 7 月 16 日即姚明退役前播发的报道《姚明：NBA 卓越球星展望未来》中写道："姚明是除熊猫以外最为人们熟悉且喜欢的中国面孔……姚明常被称为'微笑的巨

---

① 解晓燕、杨晓燕：《论中国大国形象塑造中的国民气质》，《兰州大学学报（社会科学版）》2012 年第 4 期，第 48—54 页。
② 西蒙·安浩特提到的另外五个渠道为：旅游推介、政府政策、对外投资、出口产品品牌、文化交流活动。
③ 鲁子问：《国民外宣：国民跨文化能力促进国家形象建设的有效路径》，《学习论坛》2012 年第 5 期，第 49—53 页。
④ 参考 CNN 北京站首席记者杰姆·弗洛克鲁斯 2010 年 7 月 16 日播发的报道《姚明：NBA 卓越球星展望未来》。

人'。他的健康形象从侧面改变了海外对中国持有的一些刻板印象……在改善中国的海外形象方面，姚明所做的贡献要大于当代任何政治家和外交家。"对于美国人而言，通过姚明，他们看到的不仅是一位来自中国的优秀球员在赛场上的杰出表现，更看到了"一个来自古老东方国度的善意、智慧以及在现代工业社会的适应能力。姚明在一定程度上提升了中国在美国的国家形象，对中美之间的政治也有着微妙的隐喻和影响。2006年胡锦涛主席访美，布什总统和夫人劳拉在白宫举行盛大午宴，在布什夫妇亲自拟定的客人名单上，姚明赫然在列"①。从这些报道中，我们可以看到像姚明这样的明星人物在塑造中国国家形象中所起的重要作用。

其次，一国的普通民众在与他国公众日常交往中所展现的道德礼仪和精神风貌也能够全面展示国民素养，增加一国在旅游、商业等方面的吸引力。王秀丽和贾哲敏在研究全球体育赛事与国家形象塑造的关系时特别指出，世界杯与奥运会这种大型全球体育赛事与一般政治经济事件相比，更能够让普通民众充分参与到赛事中来，全面展示国民形象。例如，北京奥运会的志愿者热情、周到、细致的服务和普通市民文明礼让、热情谦逊的气度给世界人民留下了深刻的印象，塑造了中国热情与责任、礼仪与现代相结合的国家形象。同时，全球体育赛事中的观众也能够全面展示出国民素养。赛事观众的装束、口号、热情参与的程度能够体现出民众中蕴含的积极向上、团结一心的精神。例如，2002年韩日世界杯中，韩国一万多名观众组成了"红魔啦啦队"，并打出"美梦成真"的口号标语，为韩国队呐喊助威，观众激情澎湃却秩序井然，整个场面具有强大的感染力，韩国的国民形象也因此被烘托出来。②

---

① 《姚明现象与中国形象》，《人民日报—人民论坛杂志》，http://news.xinhuanet.com/politics/2010-06/01/c_12166755.htm。
② 王秀丽、贾哲敏：《全球体育赛事与国家形象塑造》，《中国地质大学学报》2011年第2期。

日本人眼中的中国形象

国民形象对国家形象的积极作用在中国这种与西方国家存在体制和文化差异的国家尤为重要。因为当人们主要通过媒体等渠道间接了解中国的时候，会抽象地从体制、意识形态等方面认识中国，将中国"看作一个与西方自身的观念、价值、信仰和情感相对立的文化形象"①，进行简单化和妖魔化判断。而日常交往中所展示的国民形象可以还原一个真实、具体、多元的中国形象，消除媒体报道所造成的一些误解。

国民形象不仅在一定程度上塑造了国家形象，对一国的外交政策也有一定的影响。众所周知，在目前高度信息化的社会，任何国家的国民对外交的参与度都在提高，任何国家的政府在考虑同其他国家的关系时都不能不顾及本国国民的感受。在进入21世纪的这十几年中，中日两国国民对对方的好感度在大部分的时间里都在持续下降。这一令人担忧的结果当然主要是由于中日关系本身出现问题所导致的，但是国民感情的恶化反过来又制约了中日关系的改善。比如，2004年日本男足在中国参加亚洲杯比赛遭遇客场嘘声，甚至连奏国歌时都听到了不和谐之声，以及焚烧日本太阳旗等反日举动，引发了日本民众对中国的敌意以及中日关系的恶化。中日关系在由于钓鱼岛争端持续恶化并僵持两年多之后，在2014年11月的亚太经合组织（APEC）领导人非正式会议期间两国关系终于开始转圜，这背后当然有着两国的国家利益需要，但是在缺乏国民感情基础的情形之下，即使实现中日首脑会晤，也仍然会出现所谓的"脸色外交"，成为国际媒体津津乐道的内容，也成为中日关系独特的交往方式，即似乎既要见面但又不想见面。因此，中日两国国民的友好关系和互信互利是改善中日关系的重要基础。

---

① 陈晓伟：《明星符号与国家形象的建构》，《东岳论丛》2012年第1期，第65—68页。

二、日本民众眼中的中国人

(一) 日本人眼中的中国人的价值观认同

仁、义、礼、孝、天人合一、以人为本等是中国的传统价值观,图 7-1 显示了日本民众认为中国人对这些价值观的赞同程度。日本民众认为中国人最认同的价值观是孝,达到了 36% 的比例,其次为集体主义、仁、礼、天人合一,均超过了 10% 的比例,其他如义、恕、辩证思维、共同富裕、和而不同、以人为本、和谐世界等都低于 10%。有近四成的日本民众认为,中国人不认同任何传统的价值观。

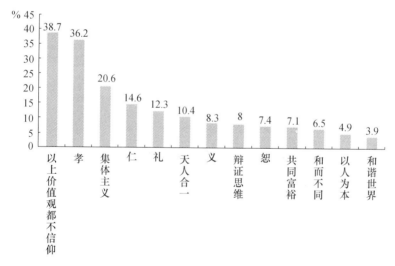

图 7-1 日本民众认为中国人对传统价值观的认同度
数据来源:第二次调查。

由图 7-1 的数据可以看出,日本民众认为中国人的传统价值观念比较淡薄,尤其是相较于日本民众对自身的评价。在我们的调查中,日本人普遍认为他们对中国传统价值观的认同度更高。如图 7-2 所示,超过半数的日本民众都认为他们赞同仁、义、礼、孝这些价值观；超过三成的日本民众赞同恕、天人合一、和而不同、和谐世界、以人为本的价值观，对共同富裕、辩证思维等的价值观也都超过10%的比例，远高于他们眼中的中国人对这些价值观的认同。也就是说，日本民众认为中国人对中国传统价值观的认同度是极低的。

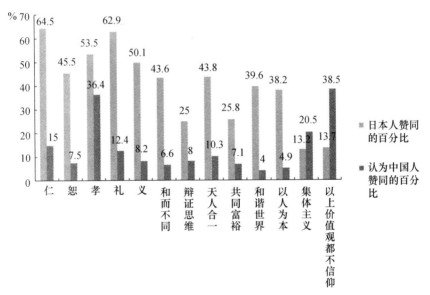

图7-2　日本民众对中国传统价值观的认同度
及他们认为中国人的认同度比较

数据来源：第二次调查。

（二）日本民众对中国人的总体印象

我们的调查数据显示，约半数的被访者认为中国人充满活力；三成左右的被访者认为中国人有创造性，比较敏感；有不到五分之一的被调查者认为中国人有教养、守秩序；仅有约十分之一的被访者认为中国人待人友好、守诚信。（具体数据参见图7-3）同时，通过独立样本的 T 检验分析，我们发现，访问过中国的日本民众对中国人的总体评价比没有来过中国的日本民众要更加积极、正面。访问过中国的被访者和受教育程度越高的被访者更加认同"中国人有创造性"和"中国人充满活力"的观点。虽然总体来说，日本民众对中国人的印象不佳，但是与中国人有直接接触的日本人对中国人的评价要更加积极和正面。

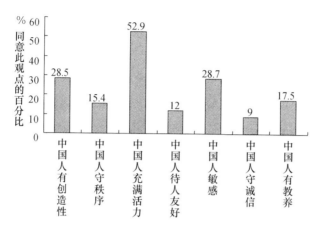

图7-3　日本民众对中国人的总体印象
数据来源：第二次调查。

调查数据中体现的中国人的总体印象，在我们的访谈数据中也得到了印证。在访谈中，多位日本记者和学者表示，中国人很勤劳、很聪明，上进心很强，非常有精神、有活力，但同时他们也指出一些在日本的中国留学生和游客所表现出来的态度和礼节问题，如不遵守秩序、比较吵闹等。一位日本学者指出："一些中国留学生使用学校厕所的时候，用得不太干净或者把垃圾扔在马桶里，引起了学校清洁人员的不满。一些中国游客在日本的地铁、商场、厕所等公共场所大声喧哗，引起了喜好安静的日本人的反感。"这些是影响日本民众对中国人形象认知的一个直接原因。"这些生活习惯、日常行为方式需要改善，不仅需要在日本有所改善，在中国也需要改善。"如果这些方面能够改善的话，日本民众对中国人和中国的形象也会得到改善。但这位学者同时指出："这些生活习惯、行为方式其实都是小问题，不是什么大问题，日本人大量去国外旅游的时候，也有各种各样的问题产生，这是一个过程，会慢慢有所改善。"访谈中，也有日本学者指出了中国人一切向钱看的拜金主义问题。但他同时指出，这不是单个人的问题，而是中国社会所处发展阶段和整个社会"向钱看"的风气造成的；随着中国经济和社会的发展，人们的精神追求也会逐渐提高。

对于中国人的诚信问题，天儿慧教授在《日本人眼里的中国》一书中提及，他自己"与中国人打交道的痛苦经验"①。他两次尽心尽力帮助学生、客座研究员申请席位，但最后申请到席位后对方都已经去了更好的学校。他将此归为中国人的机会主义倾向，并认为"中国人中的机会主义者很多……由于社会的原因，人们认为不是机会主义者就活不下去"。而日本人因为整个社会的信用良好，总觉得"既然他那样说，就要奋力相助"，而忽略了生活环境严酷的中国人实际上总是留有好几手的事实。②

(三) 日本民众对中国人的亲近感

在调查中，我们按照社会心理距离由近及远的顺序列出了七个选项：您是否愿意让中国人同您的子女结婚，做您最亲密的朋友，做您的邻居……来测试日本民众对中国人的亲近感。调查的结果显示，绝大多数日本人对中国人的态度是比较友好的，亲近感也是比较强的。七成左右的日本民众表示，愿意中国人做他最亲密的朋友，与他在同一行业共事，或者生活在日本。超过六成的日本民众表示愿意与中国人做邻居，还有超过三成的日本民众表示愿意自己的子女同中国人结婚。（具体数据见图7-4）

---

① 〔日〕天儿慧：《日本人眼中的中国》，第68页。
② 同上书，第69页。

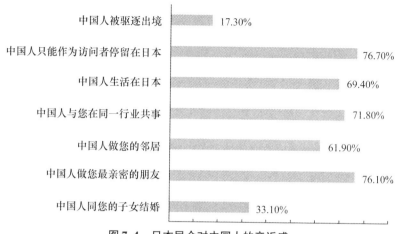

图7-4 日本民众对中国人的亲近感
数据来源：第三次调查。

调研数据显示出，日本人对中国人还是有着非常强的近亲感。这一点在我们的访谈中也得到了印证。所有的访谈者都对中国人表示出了极强的亲近感，也都表示他们有很多中国朋友，与中国朋友相处融洽。一位访华的日本学者表示，他在日本有很多中国朋友，与他们相处得很好，同时表示："在日本居住时间长的中国人，和日本社会融合得很好，过着很稳定的生活。"

（四）日本民众的中国朋友的数量

为了了解日本民众与中国人的接触交往情况，在问卷调查中我们询问了被访者拥有的中国朋友的数量。在1225位被访者中，有72.2%的被访者（884人）没有中国朋友，有15%的被访者有1位中国朋友。按照朋友数量，我们划分了0人、1—5人、6—10人、11—20人、21—30人、31人及以上这六个区间。其中1人、10人和15人分别是日本被访者中国朋友数量的几个不同分段的小高峰。由图7-5的具体数据可以看出，日本民众与中国人的接触并不多，绝大多数的日本民众是没有中国朋友的。

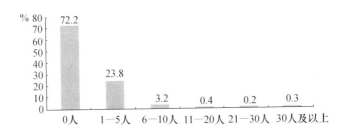

图 7-5　日本民众拥有的中国朋友数量

数据来源：第三次调查。

（五）日本民众对中国名人的知晓度和美誉度

调查发现，在问卷列出的中国名人中，影星成龙以 97.5% 的知晓度比率名列榜首。政治家毛泽东、古代哲学家孔子、古代哲学家老子、政治家邓小平、古代诗人李白、政治家孙中山、影星章子怡等也有较高的知名度。如图 7-6 可知，日本被访者对于中国企业家、航天员及科学家的知晓度比较低。例如，水稻专家袁隆平的知晓度最低，只有 17.4%。总体来说，日本民众对古代的哲学家和诗人以及现代的影视明星的知晓度比较高。

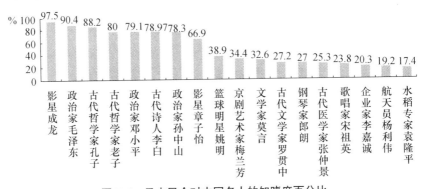

图 7-6　日本民众对中国名人的知晓度百分比

数据来源：第三次调查。

在知晓度的基础上，我们调研了所列出的中国名人在日本的美誉度。我们把"很不喜欢"赋值为 1，"很喜欢"赋值为 5，以此类推，计算出被访者对中国名人喜爱程度的均值,均值越高,说明日本民众越是喜欢该名人。如图7-7所示,日本被访者最喜欢的名人是影视明星成龙和章子怡。其次,日本民众对中国古代的文化名人,如古代哲学家孔子和老子、古代诗人李白、古代文学家罗贯中、古代医学家张仲景等也比较喜欢;对当代艺术家梅兰芳、宋祖英及郎朗的态度是中立。喜爱程度最低的两位中国名人是政治家毛泽东和邓小平。从美誉度角度分析,我们发现日本民众对中国政治家的态度比较消极。这在我们的访谈中也得到了印证。有记者和学者表示,日本民众在经历了第二次世界大战之后,对国家、政党、政治领袖等都持不信任、不喜欢的态度。不仅对中国的政治家如此,对日本的政治家也是如此。日本民众对成龙、章子怡两位影星的喜爱程度较高,与这两位影星在亚洲及世界影坛的地位不可分割。成龙的电影在日本上映超过60部,总票房高达500多亿日元,并曾连续多年获得日本最受欢迎艺人奖。章子怡主演的多部电影在日本上映,尤其是电影《艺妓回忆录》在日本有着很高的人气。因此,这两位影星在日本有较高的美誉度也不足

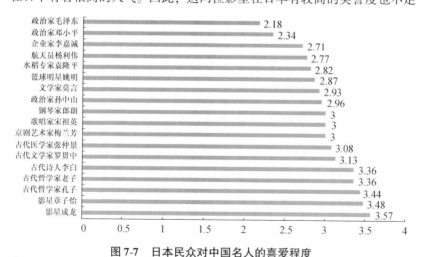

图7-7 日本民众对中国名人的喜爱程度
数据来源:第三次调查。

为奇。同时,日本民众对孔子、老子、李白、罗贯中等古代哲人、文学家的喜爱,与历史上中国文化在日本的广泛传播和较大的影响力息息相关。

三、调研分析

(一) 日本人对中国人印象来源的原因分析

生活习惯和价值观差异是日本民众对中国人产生不好印象的直接原因。日本民众对于中国人的行为方式,尤其在卫生习惯和遵守纪律和规则方面的印象不好,这与中日两国人民的生活习惯与教育差异有很大关系。日本人从小就被教导不给别人添麻烦,特别是在公众场合不要吵闹,要有集体意识和规则意识,不能打扰他人等,因此从小便养成了在公共场合保持安静的良好习惯。而有些中国人喜欢为自己多考虑,不太顾忌周围人的感受,因而与日本民众的习惯形成比较大的反差,容易让日本民众觉得不舒服。

天儿慧教授在《日本人眼中的中国》一书中也比较了中国人与日本人在价值观方面的巨大的差异,总结为以下两点:(1) 中国人之间强烈的互不信任与日本人之间的绝对信任的区别。这表现为中国人在交往过程中常常表现为防范心理过重,不能履行诺言等。(2) 中国人极端的以自我为中心的人生观与日本人极端的依存他人型人生观的区别。这在很大程度上造成中国人轻视法律、规章制度,无视红绿灯,乘公共汽车、地铁时不爱排队的习惯,同时也造成了中国人常说的"上有政策,下有对策"现象的产生。[①]

---

① 〔日〕天儿慧:《日本人眼中的中国》,第85页。

(二) 日本人对中国"朋友"和"普通人"区别对待

在访谈中,我们发现了一个很有意思但细想一下也合乎情理的现象。几乎所有的访谈嘉宾对于他们的中国朋友都给予了非常高的评价,而对于普通中国人则有所保留。一位日本媒体记者提到,他20世纪80年代曾在中国留学四年,有很多中国朋友,跟中国朋友关系非常好,无论是他来中国,还是中国朋友去日本,一定会彼此联系。他认为他的中国朋友很重信讲义,与他和他的家人都相处融洽。而对于普通的、素不相识的中国人,他觉得:"部分中国公民的素质应该要提高,像在飞机上开安全门这样的事情,就是一个非常典型的不遵守规则的例子。"① 他认为鉴于中国目前所处的社会发展阶段,很多中国人的文明素质没有跟上中国的经济发展水平。

另外一个记者表示,中国人比较热情,进入中国人的圈子,感觉很亲切,但是从外面看,很不一样。来中国后有了中国朋友,发现中国人通情达理、很好相处,也很乐于助人,和没来中国前对中国人的感觉(如傲慢、不讲道理等)很不一样。

在对中国人的评价问题上,有强烈的类似第三人效应②的情绪,即对与自己社会距离近的中国人(如中国朋友)的评价高于与自己社会距离远的普通中国人。换句话说,日本人认为他的中国朋友有礼貌、重情义,是中国人中的特例,而陌生的普通中国人则规则意识不强、素质不高。难

---

① 该记者采访中提到的开安全门事件,是针对一则新闻"乘客不满航班延误擅自打开飞机安全门"有感而发。新闻链接:http://china.cnr.cn/news/20150111/t20150111_517378629.shtml。
② 第三人效应是美国学者戴维森在1983年发表的一篇题为《传播中第三人效应的作用》的文章中首次提出,指明人们通常认为一些媒介信息对他人的影响要超过对自己的影响。之后一些学者的研究发现,社会距离是影响第三人效应的因素之一。人们认为负面信息对与自己社会距离里更近的人群(如家人、朋友)的影响要低于与自己社会距离远的人群(如陌生的普通人)。

道真的是熟识的中国朋友就比陌生的普通中国人素质更高吗？当然不是。只是因为朋友关系所产生的理解和信任冲淡了人们固有的偏见和刻板印象，使他们能够以一种更为宽容和开放的心态看待一切。这在一定程度上体现了中日之间人际交流的重要性。

在访谈中，也有嘉宾指出，日本报纸上报道的一些有关中国人的负面新闻应该都是些个别现象，并不是所有的中国人都是那样。因为中国人口多、国土面积大，教育水平和地域差异比较明显，所以表现也是各种各样，不像日本人相对统一，整个社会的同质性比较高；并指出应该有更多的日本人认识到这一点。

四、策略建议

调研和访谈数据显示，与中国人有接触的日本民众对中国人的评价更为积极正面。同时，日本人对熟识的中国朋友的评价要高于对陌生的中国人。因此，加强中日两国人民在各个领域、各个层面的接触与交流是增进中日两国相互理解、改善中国在日形象的有效途径。访谈中，几乎所有的嘉宾都表示，在中日国家间关系不好的时候，人民之间的关系更为重要。一位学者指出："国与国之间关系和人与人之间的关系不一样，不应该因为国家间的关系影响人与人之间的关系。如果中日之间的交流能够增加，相互的理解也会随之加深，彼此的朋友能够更多。久而久之，对国与国之间的关系也会有所改善。"

2015年5月下旬，由日本自民党总务会长二阶俊博率领的3000人"日中观光文化交流团"访问中国并受到中国方面的热情接待。在目前中日关系仍然说不上已经得以完全改善的情形之下能有如此大规模的民间交流活动，确属不易，也是目前中日关系中的重大进步。正是因为目前中日两国关系中存在一些问题，才更需要积极去推动两国人民之间的交流。因为民间交流对改善两国关系具有积极意义,尤其是正常良好的民间交流,可以说是改善两国关系和奠定两国正常发展基础所必需的。

因此,不论国家关系如何,任何国家人民之间的关系都应该尽量避免完全等同于政府之间的政治关系,民间关系应该成为国际关系中的和平因素而非战争因素,中日民间关系同样也应该为了改善中日关系而非激化这一关系而发挥作用。例如,1972年中日邦交正常化之前虽然中日两国没有正式的官方关系或者两国的官方关系处于敌对状态,但是那时两国民间通过展开"民间外交"的方式保持了民间的交流,成为彼此沟通和了解的渠道,为后来两国官方关系的建立提供了深厚的社会基础。还有,近几年的春节和五一、十一等黄金假期期间,都有几十万中国游客赴日旅游购物,虽然对日本社会造成了一点小小的冲击,但只要疏导得当、规范有序,这种正常的民间交流活动一般都会有助于两国国民彼此的了解和增进好感。

目前看来,中日两国的民间关系还比较脆弱,尤其容易受到双方政治关系的影响,不过这次日本3000人的观光文化交流活动,开创了一个很好的先例,即使在两国政治关系存在问题的时候,民间交流也不应该停止,反而更应该积极地促进这种交流。也就是说,不论两国政府的政治关系如何,两国人民之间的关系一般都需要善意培育而不是煽动仇恨,国民感情历来都是改善起来困难而损害起来却很容易,一旦恶化再要重新改善就更加困难。但愿中日两国人民之间的交流不再被任何政治关系的波动所打断,双方在交流的过程中逐渐增进感情并让两国的民间关系逐渐成为改善两国政治关系与维护两国和平的坚实基础和希望所在。

第八章
日本人眼中的中日关系

中国和日本是东亚最重要的两个国家，中日关系无疑是中国对外关系中最重要的关系之一。然而，从20世纪90年代中期之后，中日关系开始出现一些结构性的变化，即1972年中日邦交正常化以来双方的相互战略合作与经济互补关系出现了一些问题，两国在历史认识问题、钓鱼岛领土问题、东海划界及能源开发问题、日美同盟及台湾问题等一系列问题上都出现了摩擦与争端，甚至导致两国一定程度上安全困境的出现，即双方缺乏信任，在彼此的关系中竞争超过了合作。其中，最大的一个变化就是中日两国民众彼此的亲近感下降，尤其日本民众对中国的亲近感和信任感持续下降。那么，在中国国家实力持续增长的今天，日本民众如何看待目前的中日关系？哪些因素是制约目前中日关系发展的关键因素？如何改善中日关系？这些问题不仅在很大程度上影响中日关系的发展，同时对中国能否真正和平发展也具有重要意义。

一、日本民众对当前中日关系现状的评价

"政冷经热"是近些年来人们对中日关系的总体评价，尽管不是十分严密，但大体反映了中日关系的基本特征。中日间"政冷经热"说始于20世纪90年代中期，指代当时中日之间出现的经济关系持续发展、政治

关系大起大落的现象。从中日经贸数据来看，两国间的这种关系在持续将近二十年之后，并没有因为经济关系的发展带动两国间的政治关系的改善，反而在最近几年出现了"政冷"影响经济关系甚至是局部领域的"经冷"现象。但是，综合考虑世界经济发展的大环境、中日经贸关系发展的阶段因素、中日间的经贸合作潜力，尤其是2014年以来出现的中日政治关系回暖、经济交流增多的现象，我们对中日关系的前景还是充满希望。

（一）中日政治关系

近年来，日本民众对中日政治关系的评价每况愈下。图8-1列出了2011年底和2013年底的两次调查中有关日本民众对中日关系现状的评价数据。在2011年的调查中，有56.5%的日本民众表示中日关系很不好或不好。这一比例在2013年底增长到了90%。2011年，有9.2%的被访者认为中日关系很好或较好。这一比例在2013年下降至不到2%。2011年有三成的被访者表示中日关系不好不坏，而这一比例在2013年下降至6%。

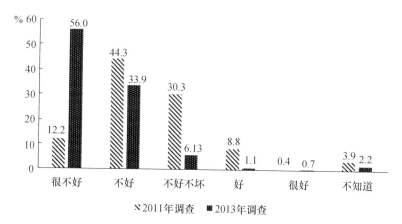

图8-1　日本民众对中日关系现状的态度
数据来源：第二、三次调查。

当我们将很不好赋值为1，很好赋值为5，不知道设为系统缺失，得出被访者对中日关系评价的均值2011年为2.38，即大多数日本民众倾向于认为中日关系不好。而到2013年，对中日关系评价的均值降为1.53，即大多数日本民众认为中日关系很不好。从2011年到2013年的两年时间，日本民众对中日关系的感知又恶化了不少。最重要的原因应该与钓鱼岛争端以及由此引发的2012年发生在中国多个城市的大规模的反日示威游行和打砸日货现象有关。

同时，通过回归分析，我们发现被访者的收入和是否懂汉语显著影响其对中日关系现状的评价。懂汉语的被访者更倾向于认为中日之间关系较好，而收入越高的被访者越倾向于认为中日关系不好。

总的来说，我们对日本学者和记者的访谈数据印证了问卷调查的结果。所有的访谈嘉宾无一例外都认为近几年来的中日关系是中日邦交正常化之后最不好的时期，不仅政府关系恶化，民间交流也在减少。一位日本记者在评价中日关系时较为悲观，认为中日关系恶化的"直接原因就是钓鱼岛问题。当然也和两国国内情况紧密相关，比如说中日两国都在利用钓鱼岛问题增强自己的军事力量"，并表示两国在领土方面的现实利益是很难调和的，想找到一个双方都满意的方案也比较困难。当然，也有日本记者比较乐观，认为尽管中日关系目前不好，但是两国还有很多共同的利益和合作的空间，经过双方的谈判和妥协，会重新进入良性发展，并比喻说："中日关系就像两个有矛盾的朋友，时而吵架，时而又和好，自1972年建立邦交以后反复过几次。"

访谈中的一位日本学者也是中国问题专家在评价目前的中日关系时直言："太糟糕了，不应该是这样的，我们要多强调合作的局面"，并提到："中日关系包含两个方面：强韧性和脆弱性。但是最近一年[①]，中日双方

---

① 指2014年。

都更多地关注脆弱的一面,实际上强韧的一面也有,譬如中日之间在很多非传统安全方面的合作就很不错。中日之间应该多关注合作,包括经济交流和文化交流。中日两国应该在强韧的方面携手强化合作,对脆弱的方面进行弱化或者控制,这应该作为我们共同的目标。"

(二) 中日经济关系

相较于政治关系,中日间的经济关系自两国建交之初就持续发展,在贸易、投资和经济合作等领域积极推进。中日两国双边贸易额在2014年达到了3123.12亿美元,占中国对外贸易总额的7.3%。2014年日本对华投资43.3亿美元,虽然较2013年(70.64亿美元)和2012年(73.8亿美元)有所下降,但仍然在对华投资额排名第四。截至2015年9月底,日本累计对华投资达到1011.5亿美元。与此同时,中国对日投资也呈现出快速发展的势头,在2013年达到了4.34亿美元,较2012年的2.1亿美元翻了一倍。[1]

同时,近几年来中国赴日旅游人数持续增加。2015年,中国已经成为日本最大旅游客源国。日本观光厅发布的2015年1月至10月的数据显示,到日本旅游的外国游客人数达到1631.69万人次,比上年同期增加48.2%。其中,中国大陆游客人数名列第一,达到428.37万人次,比上年同期增加大约一倍。平均每四个到访日本的外国游客,就有一个来自中国。消费方面,中国游客的贡献尤其突出,人均旅游支出为28万日元(约合人民币14 870元),比上年同期增加19%。按照目前赴日人均旅游支出1.5万元计算,2015年中国游客赴日旅游消费将达750亿元。[2] 在访谈中,多位日本记者表示:中国游客对日本经济的复苏和发展做出了巨大

---

[1] 数据来源:国家统计局网站,http://data.stats.gov.cn/easyquery.htm?cn=C01。
[2] 《中国游客"爆买"日本 今年前十月赴日人数猛增一倍》,澎湃新闻网站,2015年11月30日,http://www.thepaper.cn/newsDetail_forward_1403158。

的贡献,他们希望有更多的中国人到日本旅游,增进对彼此国家和人民的了解。

虽然近几年中日政治关系的紧张给中日经济关系带来了一定的负面影响,但在我们的访谈中,所有的嘉宾都强调了中日之间经济合作的互补性、必要性和长期性,并指出中日之间在经贸领域的合作潜力仍然是巨大的。中日之间经济发展水平的互补性和双方不同层次的需求,是推动两国经济合作持续发展的原动力。在20世纪70年代中日邦交正常化前后,中日两国经济发展水平的差距为双方的经济合作、互补性发展提供了可能。日本方面,经过50—60年代的飞速发展,实现了战后的经济崛起。但是,由于石油危机的冲击和在钢铁、彩电等领域与美国贸易摩擦压力的增大,日本急于寻找能源和出口市场的多元化。拥有丰富的资源、市场和劳动力、与日本仅一水之隔的中国成为日本的最佳选择。中国方面,由于同苏联关系恶化,为实现经济腾飞,需要寻找发展经济所必需的资金和技术支持。因此,中日两国前30年的经济合作以互补平衡发展为主要特征。

在中国经济飞速发展、已经成长为世界第二大经济体的今天,中日经济的互补性发展潜力是否仍然存在?2015年11月2日,在中国贸促会和日中经济协会共同举办的中日企业家对话会上,中日经济界的领袖人士给了我们一个肯定的答案。中国贸促会会长姜增伟在致辞中指出:"中日处于不同的发展阶段,互补性远大于竞争性。"[1] 日本在智能制造、医疗服务、节能环保等行业处于领先水平,在研发、技术和人才方面具有先发优势;而中国劳动力资源丰富,新型工业化、信息化、城镇化、农业现代化正在加速推进,生态文明建设不断加快,特别需要引进日本的先进技术和管理经验。姜增伟同时指出,中日"两国都在实施经济结构性改革,为中

---

[1] 《中日经贸关系回暖 跨境电商和第三方市场 带来新机遇》,21世纪经济报道网站,2015年11月3日,http://epaper.21jingji.com/html/2015-11/03/content_25094.htm。

日企业合作提供了新机遇"①。姜增伟的观点获得了参加对话会的日本企业的支持和赞同。日立公司常务董事小久保宪一在会上发言表示，日立作为一家老牌电机公司愿意提供技术和经验，与中国企业联合构筑供应链，助力中国制造业的结构转型和发展。②

同时，在中日企业家对话会上，两国经济界人士纷纷表达了拓展中日两国的经济合作空间的意愿，不仅要推动中日两国国内的深度合作，还应该共同推动亚洲及世界其他区域的经济发展。三菱东京 UFJ 银行特别顾问畔柳信雄指出，在推动亚洲基础设施建设方面，"中日可以充分发挥各自特长，通过协调和竞争，支持东道国的可持续发展"。中非发展基金总裁石纪杨也表示，中日可以将第三方市场的合作拓展到非洲，"日本企业在非洲的项目开发、建造技术、工程质量和风险管理等方面有充分的经验。中非发展基金也愿意在非洲合作同意的前提下，以开放的态度、平等的合作，在互惠互利的基础上与日本企业一起探讨对非农业、制造业、互联互通等基础设施行业的合作"③。

虽然中日间的政治关系仍然没有能够全面回暖改善，两国人民对彼此的亲近感较弱，但是中日之间在经济合作领域仍然有着巨大的机遇和广阔的前景。希望随着两国经济关系的持续深入，能够改善两国"政冷经热"的关系格局，实现"政热经热"双赢的新局面。

二、影响中日关系的重要因素

那么，究竟是什么原因导致了中日关系近年来的变化呢？当然，这是

---

① 《中日经贸关系回暖 跨境电商和第三方市场 带来新机遇》，21 世纪经济报道网站，2015年11月3日，http://epaper.21jingji.com/html/2015-11/03/content_25094.htm。
② 同上。
③ 同上。

一个非常复杂的问题，其原因既可以从中日关系的历史、冷战后国际环境的变化中去寻找，也可以从日本本身的变化以及日本人的民族性格中去寻找，还可以从中国国家实力和政治环境等方面去寻找。

(一) 历史问题

有记者提到，影响中日关系的核心问题是历史问题，其中主要是参拜靖国神社、日本教科书修订和民间赔偿问题。

自20世纪80年代中期开始，有关日本政治领导人参拜靖国神社的报道一出现，就常常引发中国政府和民众的强烈抗议，认为参拜供奉有甲级战犯的靖国神社是别有用心的，是要恢复日本的军国主义传统。这些抗议经由日本媒体报道之后，常常引起日本民众的反感。

日本政治领导人参拜靖国神社之所以成为中日矛盾的一个焦点，与靖国神社的历史变迁有紧密关系。靖国神社的前身是建于1869年8月6日的东京招魂社，最初是为了纪念在日本内战戊辰战争中为了恢复明治天皇的权力而牺牲的3500多名武士。1879年，明治天皇将其改为靖国神社，"靖国"二字出自《左传·僖公二十三年》的"吾以靖国也"，意思是使国家安定。从那时起，靖国神社就成为国家级的祭祀场所。明治维新之后，日本对外扩张的步伐加快，靖国神社开始供奉包括甲午战争、日俄战争和第二次世界大战等战争中为日本战死的军人及家属。当时日本全国其他52处神社都由内务省管理，唯独靖国神社由军方管理。

日本战败之后，占领军总司令部在1945年12月发出了"神道指令"，切断了靖国神社与国家间的特殊关系。1952年9月制定的日本和平宪法的第20条提出政教分离，规定国家不可以介入任何宗教事务，靖国神社变为一个非政府的独立宗教法人。1978年10月，靖国神社的宫司松平永芳趁举行秋祭的机会，将东条英机等14名甲级战犯的亡灵以"昭和殉难者"

的名义列入靖国神社进行供奉，从此靖国神社的性质就发生了重大变化。[①] 此后，日本裕仁天皇再也没有正式参拜过靖国神社，而在二战之后1978年之前，他每年都要参拜靖国神社。

从靖国神社的历史变迁可以看出，靖国神社问题的实质就是日本政府如何认识和对待过去的侵略历史。这既关系到曾经遭受日本军国主义侵略之害的亚洲各国人民的感情，也关系到日本这个国家今后的走向。这也是为什么日本政府首脑正式参拜靖国神社的报道会引发包括中国在内的亚洲被侵略国家的强烈抗议。其实，日本国内对政府首脑正式参拜靖国神社问题也有很大争议：日本旧军人的后代和右翼势力一直把靖国神社作为精神寄托，力主通过推动政府首脑的参拜将其国有化；一些日本普通民众认为政府首脑参拜靖国神社是违宪行为，违背了宪法规定的政教分离原则；另有一些日本民众认为靖国神社与他们的生活紧密相连，是用来祭奠亲人、祈祷和平的场所，并不一定意味着"恢复军国主义"。但无论如何，日本政府首脑都应该考虑到日本国内民众以及曾经遭受日本军国主义侵略之害的亚洲各国人民的感情，停止参拜靖国神社。

教科书问题是日本国内不同历史观碰撞的焦点，也是不断引发日本与包括中国在内的亚洲被侵略国家持续摩擦的关键问题。在中日邦交正常化后，1982年和1986年日本右翼篡改侵略历史的教科书被日本文部省审定为合格。之后在20世纪90年代中期和21世纪初期，日本的历史教科书经过几次修订，都不同程度地淡化甚至美化了日本的侵略历史，其中1997年日本电通大学教授西棍干二、东京大学教授藤冈信胜、右翼漫画家小林善纪、明星大学教授高桥史郎等人成立的"新历史教科书编撰会"炮制的历史教科书是一部全面美化日本侵略历史、宣扬军国主义历史观的代表

[①] 参见《靖国神社——军国主义的招魂幡》，新华网，http://news.xinhuanet.com/2015-04/29/c_127743358.htm。

作。围绕教科书问题，中日之间的斗争不断，也成为中日关系恶化的一个重要历史原因。

民间赔偿问题是靖国神社问题和教科书问题之外的另一个影响中日关系的历史问题，具体包括残留化学武器、慰安妇、强制劳工等问题所涉及的团体、个体利益。虽然中国政府在1972年放弃了日本对中国的国家间战争赔偿，但从20世纪80年代开始，中国民间就赔偿进行了许多尝试和努力，但大部分都失败了。民间赔偿问题严重影响两国民间感情，也损害了中国受害者的情感。

这些历史问题成为横亘在中日两国民众心理和情感中的一块巨石，严重影响中日关系。正如一位日本记者所言："中国人因为日本侵略的历史而厌恶日本；而很多日本民众认为中国老是揪着历史问题不放，也对中国心生厌恶；中国人又觉得日本人美化侵略历史，不思悔改，因而更加厌恶日本人；日本人也因而更不喜欢中国。由此成为一个恶性循环。"

天儿慧在《日本人眼中的中国》一书中也提到，很多日本人觉得日本无论怎么道歉，中国还是反复执拗地要求日本"反省""道歉"，这使日本人开始感到厌烦，"中国也不要太过分""到底要道歉到什么时候"之类的反感情绪逐渐加强。日本人的内心怀疑中国方面的做法是在打"历史牌"，把历史问题作为有效实行对外政策的筹码。①

藤平新树在《日本应当惧怕中国的崛起吗?》一文中也指出，很多日本人觉得日本道过歉了，而且不止一次，他们陷入了深深的"道歉疲劳"中，认为中国抓着"道歉"这件事情不肯放，是在向日本打"历史牌"，而不仅仅是向日方索求歉意这么简单。② 同时，藤平新树指出，2005年4月在中国各地掀起的"反对日本加入联合国安全理事会常任理事国行列"

---

① 〔日〕天儿慧:《日本人眼中的中国》，第23页。
② 藤平真珠:《日本应当惧怕中国的崛起吗?》（张玲译），《国外理论动态》2008年第10期。（国内有学者将藤平新树的名字译为藤平真珠。）

的游行中，日本人觉得中国的警察不仅没有对日本使馆采取任何保护措施，也没有对日本人的资产进行保护，因而进一步激化了日本的"道歉疲劳"情绪，也增加了日本国民对中国的厌烦和不满，并认为中国的媒体和教育是直接导致中国国民对日本以及日本人充满敌意的原因，而不是日本人本身。①

我们承认，历史问题是中日关系变差的一个原因，但不是根本原因。在20世纪七八十年代，这些历史问题也存在，但为什么没有成为影响中日关系的问题呢？实际上，任何国家的现实利益永远超过历史问题。对历史的解读是基于现实利益的考量。当现实有利益共享的时候，就会把历史问题解读得好一点；如果现实有利益冲突的时候，就会把历史问题作为一个矛盾点放大。所以说，历史问题并非中日关系恶化的根本原因，中日两国政府对现实利益的考量是更为核心和根本的原因。

（二）领土和海洋划界争端

在访谈中，一位日本学者认为包括钓鱼岛领土的归属和东海海洋划界等现实利益争端是影响中日关系最重要的因素。在钓鱼岛问题上，中国主张钓鱼岛自古以来就是中国的领土；而日本则认为钓鱼岛之前为"无主地"，是日本人首先发现了钓鱼岛，并于1895年1月将其划归冲绳县管辖。近年来两国政府和国民围绕钓鱼岛主权问题展开了激烈的争夺，但并没有达成有效的解决方案。2012年9月，日本政府宣布对钓鱼岛"国有化"，引发了中国国内大规模的反日大游行，造成了中日关系的进一步恶化。

20世纪90年代后期，中日两国在划分东海大陆架问题上产生争议。

---

① 藤平真珠：《日本应当惧怕中国的崛起吗？》（张玲译），《国外理论动态》2008年第10期。

1996年日本通过《关于专属经济区和大陆架法》，1998年中国出台《中华人民共和国专属经济区和大陆架法》，两国对东海大陆架的划分出现重合。日本提出以"中间线"原则划分大陆架和专属经济区；而中国则坚持国际法中的"大陆架"原则。面对矛盾，中国主张"公平"原则，但双方对"公平"的理解不同：中方认为中国海岸线长、人口多应多分，而日本认为"公平"是平均分。2008年，中日双方就东海油气田的开发产生的冲突签订了协议，在中间线附近划了"共同开发区"。但随着2010年东海"撞船"事件的发生，双方的谈判搁置，东海问题仍然没有解决。

目前围绕钓鱼岛主权的领土争端和东海大陆架的油气资源争夺是中日两国之间最大也是最难调和的现实利益矛盾，需要两国领导人和民众以政治智慧和开放心态一起来寻求双方都能接受的解决方案。

（三）中国崛起和"中国威胁论"

访谈中，日本学者和记者都提到中国的快速发展对中日关系的影响。由于中国的快速发展和日本的长期停滞，"中国威胁论"从20世纪90年代后期就开始在日本蔓延。相当一部分日本学者和民众认为中国崛起对日本造成了威胁，主要表现在最近20年来中国以经济为主，同时也包括政治、外交、军事、社会等各个方面的快速发展变化导致日本人的中国印象发生变化，而且中国的这一发展变化主要体现在一些硬实力的快速增长，如经济、科技和军事能力的快速进步和提高，使中国在解决领土纠纷和台湾问题上更可能采取强硬立场，进而加强中国对亚洲地区主导权的争夺。[①] 尤其是中国已经在2010年在经济总量上超过日本成为世界第二大经

---

① 谢晓光、岳鹏：《冷战后影响中日关系的结构性因素检验》，《日本问题研究》2013年第3期。

济体，载人航天等高端科技的发展也成为中国科技进步的象征，建造航空母舰和打造蓝色海军的举动也引起整个世界的关注。中国的这些发展虽然显示了中国的力量，增加了中国人的民族自豪感，但是同时也招致日本等西方国家的恐惧和疑虑，导致了日本人对中国印象的变化和"中国威胁论"的出现，也使中日之间经济实力地位的变化成为影响中日关系的一个重要的结构性因素。

虽然中国持续在和平发展的道路上推行其军事现代化，但是中国的军事现代化使日本担心中国会凭借日益增长的经济力量和军事力量大举扩张并控制东亚地区。日本国际政策研究所的报告《日中关系的新篇章——克服历史问题走向共存和共同发展》中指出，中国军费连续20年以两位数增长，同时中国军费开支和军事意图不够透明，中国近年来海上力量和空中力量迅速增强，再加上近年来中国海军舰艇进入所谓的"日本水域"，中国反卫星试验的成功，这些使得日本和整个东亚地区陷入担忧之中。在访谈中，一位日本记者的比喻很贴切，他说："虽然表面上中日之间的关系变差是历史原因或者体制差异，实际上中国的突然崛起是造成中日关系变差的根本原因。中国的军事力量提高了，边界要求也提高了，这使日本人的戒备心理提高。中国人可能感觉不到那么强烈的变化，但是日本人的感觉变了。正如一个孩子从10岁变成了20岁，能力提高很多，孩子自己对成长的感觉不大，但外人的感觉差异很大。不仅日本人有这样的感觉，东南亚国家也这么想。今天东南亚国家普遍害怕中国，因为中国强大了。"

对于日本政府近年来持续炒作和渲染"中国威胁论"的意图，不少学者和日本问题专家分析认为，主要是想用中国威胁做挡箭牌，以压制日本国内的反对势力，为增强日本军事力量并强化美国及东亚各国对其实施新安保法的理解和支持。① 对此，值得包括中国在内的亚洲各国人民的警惕。

（四）日美同盟的强化

访谈中，一位日本学者指出，日美同盟的强化也是影响中日关系的关键因素之一，对东亚地区的安全格局至关重要。日美同盟是依托《日美安全保障条约》在冷战初期建立起来的。其核心内容是为日本提供安全保障。根据该条约，如果日本受到攻击，美国就应该提供军事保护。日美同盟在不同阶段目标不同，冷战时期主要针对当时的社会主义国家苏联、中国、朝鲜。冷战结束后，日美同盟于1996年做了再定义，将原来主要保卫日本安全扩大到维护日美两国在整个亚太地区的安全主导地位。当时美国对华政策主要是既接触又遏制，日美同盟对中国有战略预防作用。"9·11"事件后，日美同盟的作用进一步扩大，在亚洲太平洋地区的一系列重大问题上发挥了关键影响，不仅包括了中国台湾问题、朝鲜半岛问题，而且包括亚太地区公海的安全问题、俄罗斯问题、阿拉伯与穆斯林问题、东南亚问题、反恐问题等。如此广泛的合作使得日本在美国的东半球战略上举足轻重。②

日美同盟的强化在很大程度上是针对中国的，阻碍了亚太地区安全问题的解决，对中国构成了一定的战略威胁，因此日美同盟也成为影响中日两国关系的重要因素。2005年日美之间开展"2+2"会谈，讨论亚太地区的安全形势，将台湾问题明确纳入会谈范围；2012年11月29日，美国参议院全体会议决定，在2013财年"国防授权法案"中增加一个附件条款，明确规定《日美安保条约》的第五条适用于钓鱼岛问题，明确干预

---

① 参见赵悦、沈红辉：《日本炒作"中国威胁论"别有用心》，网易新闻，http://news.163.com/15/0723/07/AV6Kl9JG00014Q4P.html。
② 庞中英：《论中日关系中的美国因素》，《国际经济评论》2002年第3期。

钓鱼岛问题。

除了上述提到的影响中日关系的四个原因之外，也有记者和学者在访谈中提到中日政治制度的差异以及中日媒体某些妖魔化对方的报道对中日关系的影响。不可否认，体制差异和媒体报道都在一定程度上影响中日关系的走向，但这些并不是根本原因。因为体制差异在中日邦交正常化的初期也存在，但那个时候并没有影响中日关系。另一方面，媒体报道在很大程度上受到国家利益、政策以及国民情绪的影响，目前中日两国媒体的某些妖魔化报道更多地源于两国的政治关系和现实利益的冲突。因此，中日两国实力的对比变化所带来的现实利益的变化是影响中日关系的根本原因。无论是钓鱼岛领土争端、日美同盟的强化，还是中国的崛起和军事力量的增加，都与两国的国家利益息息相关。

三、改善中日关系的途径

中国的发展自然有其自身的诉求与发展轨迹，并不应该也不可能按照日本人或其他国家人们的意愿去发展，但是在目前全球化与和平发展的时代，国家之间运用硬实力相互竞争乃至冲突已经不合时宜或至少受到极大的限制，而只有顺应世界大势和融入国际社会，才能最终实现国家自身的利益和发展目标。中日两国作为东亚地区的大国，其冲突的代价彼此都难以承受。在中日关系恶化的现状下，如何改善中日关系不仅对中日两国的发展至关重要，对东亚地区乃至世界的和平与发展都是至关重要的。

(一) 加强民间交流

访谈中，所有的日本学者和记者都表示，改善中日关系的重要途径就是加强中日双方的交流与合作。一位学者指出："中日双方不应该忘记邦交正常化以后合作的历史，合作对于双方是互惠互利的。目前的情况是，中日老百姓之间的交流合作很不够，军人之间的交流也不够，政治家层面的交流就更少。目前中日各个层面之间对话、交流非常不足，应该加强。日本领导人的决策肯定要看民意。如果两国的民间交流提升，会对政府关系的改善有帮助。中国人更多地去日本，也会对中日关系的改善有帮助。"访谈中的一位记者也很无奈地说，关于改善中日关系，"现在真想不出什么好办法。眼前最重要的是中日双方不要发生冲突；其次就是强化经贸交流和人与人的交流"。

根据我们的问卷调查数据，来过中国、有中国朋友或者同中国有过某种交流关系的日本人一般都比较理解中国或对中国具有亲近感。因此，加强中日两国在政治、经济、教育、文化等各个方面的交流与合作，尤其促进两国民间交流是日本民众了解中国社会、改善中国形象、增加对华亲近感并进而改善中日关系的重要途径。在这方面，因为中日两国都属于东方国家，在文化上具有很多共同性或相近性，都比较重视人际关系，所以这种交流能够使中日双方民众更多地深入了解对方国家，在交流中建立起来的人际关系也有助于建立彼此的信任和亲近感。目前，虽然中日两国政府、企业、高校、个人、文化团体、民间组织间的交流访问一直在进行，但是交流的范围和规模还远远不够，因此今后应该进一步增进中日两国间在政治、经济、文化、教育等各方面的交流，使更多的日本民众能够亲身感受中国文化，认识真实的中国社会。当然，交流规模的扩大并不一定意味着理解和友好，但不交流则肯定不会有理解和友好，关键在于在扩大交流规模的同时更要注意交流的质量。采取以民间交流为主的形式，更易于中日两国人民之间的沟通联系，也更易于被接受。例如，2003年7月中国"女子十二乐坊"采用民间交流的方式，用现代音乐形式表现中国传统文化，获得了巨大成功，增加了日本民众对中国文化的喜爱和对中国的亲近感。

（二）加强政府间的对话与协作

"政冷经热"长期以来被誉为是中日两国关系发展的写照。这一点在中日邦交正常化初期虽然没有带来巨大的消极影响，但在近年来中日双方政治关系持续恶化的情况下已经严重影响了中日经济关系和民间交流的发展。钓鱼岛问题的激化、东海油气资源的争夺加剧了中日政府和民间的紧张气氛。如果两国政府能够以对话、协作的方式解决在政治、领土、安全领域的争端，不但会瓦解日本社会关于"中国威胁论"的宣传基础，对改变日本国民的对华感情进而改善中日关系也不无裨益。

访谈中，一位日本学者谈到道："如果中国政府能够改变现在的一些行为，比如说停止大概两周一次中国的船开到钓鱼岛邻海里面这种挑衅性很强的行为的话，肯定会改善日本对中国的情绪和认识，很多日本民众想要去中国看一看的想法也会增加。"日本学者的话当然是站在日方立场上的观点。如果站在中国的立场上，我们也可以说，如果日本政府能够停止参拜靖国神社、钓鱼岛"国有化"这些挑衅性很强的行为的话，中国民众对日本的情绪和认识也会改变。因此，中日两国政府间应该积极开展对话与协作，而不是单方面地去要求对方做什么或不做什么。如果中日双方的政治领导人能够就中日双方的争议探讨双方都能接受的实质解决方案，并积极开展协作的话，不仅能够缓和双方政治关系的紧张氛围，也能够增加两国国民对彼此国家的亲近感。

（三）加强经贸尤其是环保和技术领域的合作

访谈中，有学者指出，虽然中日两国的经济互补性与20年前相比有所降低，但是在经贸尤其是环保和技术领域的合作仍然有广阔的发展空间。中国社会目前面临的一些问题，比如环境污染、食品安全等，不仅严重影响我国人民的身体健康和生活质量，也成为阻碍很多日本人来中国旅游、学习的重要因素。而日本在环境保护、食品安全质量等领域不仅有先进的技术,而且有成熟的经验可以分享。

中日两国的地理位置决定了两国拥有共同的环境利益,在环境保护方面的合作是近年来两国合作的新领域。环境问题的跨国影响使一方带来的环境后果需要由双方共同承担。从中国环境污染引发的农产品质量问题到日本的"花粉症"问题、福岛核泄漏事故,都会直接或间接影响双方的经济利益和民众的健康安全。因此,中日双方在环保领域既有合作的需求,也有合作的动力。因此,正如访谈中的一位日本学者所言:"中日环境合作具有广阔的空间,对推动两国'战略互惠关系'的实现与发展具有关键意义。"

除了环境合作,中日两国在技术领域也有很大的合作空间。虽然中国近年来在科技领域发展迅速,也取得了骄人的成绩,但是不可否认,日本仍然是亚洲最发达的经济体,科技先进、管理水平高,国际化经营能力强,在超导、材料、通信、新能源、节能环保、电子产品、精密仪器、高端装备制造等诸多领域拥有世界领先的技术。而中国市场广阔、经济增长快,并且充满活力,基础设施和工业体系较完备,劳动力素质与数量有比较优势。因此,两国仍有很强的经济互补性和技术合作潜力。中日两国从邦交正常化之初,就开展了包括技术在内的多个领域的合作,对中日关系的良性发展起了举足轻重的作用。但是近年来,中日两国政治关系的紧张,使技术领域的合作也有所放缓。今后,中日两国应该深化在技术领域的合作,进一步强化两国的经济利益,为中日政治关系的改善奠定良好的基础。中国国家发改委副主任张晓强在2011年的北京—东京论坛上也指出:中日两国需深化双边经济技术合作。2015年4月,"中日经济技术合作平台"在北京正式启动,该平台旨在将日本众多先进企业和研究机构积累多年的产业技术与中国新兴产业相结合,重点致力于目前中国企业亟须的节能环保、生物制药、食品加工等产业领域的技术转让。①

中日两国隔海相望，都是世界上有影响力的大国。虽然近年来中日关系下降到了历史的新低点，但是两国的有识之士对中日关系的未来还是比较乐观的。目前，两国的经济和民间交流正在逐渐恢复，以中国为主的海外游客已经成为日本经济好转的动力。若两国进一步加强民间交流、扩大政治领域的对话协作、深化经贸领域的环保和技术合作，将会增进两国间的相互理解和信赖，进而成为改善两国关系的契机和动力。

---

① 《"中日经济技术合作平台"在京正式签约启动》，中华人民共和国中央人民政府网站，2015年4月16日，http://www.gov.cn/xinwen/2015-04/16/content_2848049.htm

结　语

随着冷战结束后国际社会总体和平趋势与全球化、民主化趋势的加强，国家之间相互依存的程度也在持续深化，在制约国家关系的传统因素——诸如政治意识形态、军事安全保障、经济合作或摩擦等因素之外，文化因素正日益成为决定国际关系的重要因素之一，即文化软实力正在成为树立国家形象、占据道义制高点、获取国际社会尊重与改善国家关系的重要因素。当然，这里的文化是指包括传统文化、大众文化和政治文化在内的广义上的文化。所谓文化软实力，则是指上述这些文化内容中那些能够对别国民众产生吸引力并具有影响其行为能力的文化内容。

在中日邦交正常化之后的四十多年时间里，中日两国各个领域的交流持续扩大，双方来往的人员数量也大幅度增加，但是目前两国民众的相互理解似乎仍然非常不充分，反而感觉到在渐行渐远，越来越成为一对在地理上毗邻而心理上遥远的国家关系。例如，在最近几年双方所做的多次舆论调查中，彼此对对方的好感度都在持续下降。之所以出现如此状况，尽管不能否认主要原因是由于20世纪90年代中期以后两国关系中出现的一些政治或安全上的问题，但是双方文化上以及民众之间缺乏了解或误解也是造成目前这种状况的原因之一，或者说正是由于在冷战结束后国际形势发生变化和中日两国实力对比发生变化的情况下双方对对方的认识出现了偏差或不一致，才影响到了双方的政治和安全及其他方面的关系。

结 语

随着中国经济高速增长和对外交往规模的进一步扩大，中国对世界的影响力也在增加，但是这一影响力对世界究竟意味着什么，包括日本在内的众多国家怎样看待中国的这种变化，是否愿意看到和能够接受中国的发展和崛起，这在很大程度上取决于中国的文化软实力和呈现出的国家形象，即中国的发展是否能够给世界带来利益，以及是否能够对其他国家产生吸引力和感召力。只有在经济、科技、军事能力等硬实力增强的同时更多地重视软实力的增强，才能真正实现中国和平发展的宏伟战略目标。

为此，我们选择日本作为了解中国文化软实力的一个窗口，即通过社会调查和深度访谈的方式获取和分析中国文化在日本的传播情况以及日本民众对中国、中国文化、中国媒体、中国人以及中日关系的态度。我们在2010年、2011年和2013年三次分别通过直接发放和网络调查公司两种方式对部分日本民众进行了问卷调查：第一次主要在北京和东京直接发放给一些日本学生和职员，第二次和第三次主要通过网络方式在日本各地选择了各种不同类型的人群进行调查。调查的内容涉及中国及中国人印象、对哪些中国文化感兴趣、传统和现代价值观、制度认同、了解中国的渠道、中国媒体的信任度、中日关系评价等问题。在问卷调查的基础上，为了探究日本民众的中国印象背后的深层原因，我们在2014年底对在华工作和访学的日本记者和学者进行了深度访谈，对问卷调查的数据分析进行了补充和完善。

通过对调查和访谈数据的分析发现，日本民众对我国传统文化中的一些价值观和历史及习惯具有认同感，例如中国古代文化中追求的"仁、义、礼、孝"价值观以及中国历史、中国菜肴等，但是对于现代大众文化认同感不高，尤其对现代制度性文化很少有认同感甚至具有反感，认为中国的政治经济制度及其发展并不符合世界和日本的利益，而且并不认为中国人仍然还信仰以上的那些传统价值观，对中国人的评价基本上是负面的，同时对中国媒体也相对接触较少且不信任，其理由为不准确、不公正、不全面、不及时和可读性差等。而相对于中国和中国文化，日本民众更为喜欢美国、德国及美国文化和德国文化，喜欢中国和中国文化的比例不足10%。

可见，日本民众对中国传统文化很容易接受，甚至有一种亲近感，比如对中国古代历史及一些传统价值观，因为日本文化中也有类似的内容，但是基本上对这方面的文化主要限于欣赏和享受，而对其中价值的追求不足，因此传统文化仅仅是中国对外的一种较弱的软实力；对于中国现代大众文化，日本民众有部分认同，例如对现代中国的电影、影星和流行歌曲、歌星等，但是在这方面的影响力仍然不及西方文化和日本自身文化的影响力，即使有一些认同其功能也主要是欣赏和娱乐，因此也只是一种较弱的软实力；对于中国现代政治文化，日本民众则比较难以接受，甚至具有反感和排斥，因为大部分的日本人认为中国的制度及其发展并不合乎他们的利益和价值，甚至对世界存在一种威胁或不确定，因此在这方面可能会减弱中国的软实力。总体而言，中国文化对日本社会还缺乏足够的吸引力和影响力，即对日文化软实力还显得不足。

当然，中国的发展并非要按照日本人的好恶来决定，但是根据以上的调查和分析状况，至少我们可以冷静地看待目前中国在日本的国家形象以及文化软实力的实际状况，采取一些措施改进中国对日文化软实力传播的内容和方式，以便能够增加中国对外文化软实力。针对上述分析中存在的问题，我们提出下列对策建议：（1）注重传播内容的选择，尽量选择那些非政治性或者寓政治于社会生活中的内容。传统文化虽然比较受日本民众的欢迎，但是也要注意对传统文化进行现代包装，也就是说，在传统文化方面也应该增加一些现代元素，以现代形式表现的传统文化最易于被接受。例如，2004年曾经一度风靡日本的中国女子十二乐坊，2010年春节期间由中国侨协组织的赴日演出"文化中国，四海同春"等节目，就利用现代音乐形式与传统音乐内容相结合，取得了轰动效应。（2）改变中国媒体形象，即改变政府代言人和生硬僵化的形象，树立独立、公正、正义、监督的形象，以此增加信任度。（3）在传播方式上，改变那种说教性、进攻性和功利性的风格。考虑到日本社会接受中国文化的非强迫性文化心理特点，以更加软性的方式注意同受众进行互动。（4）继续扩大中日之间在各个层面和各个领域的民间交流。因为与中国有过接触和会讲汉语的日本人对中国的好感度明显超过与中国没有接触和不会讲汉语的日本人，而且主要应该加强中日年轻人的交流和影响，不仅因为年轻人意味着未来，而且因为在调查中我们发现日本民众对中国文化的兴趣和对中国的好感度与其年龄恰好成反比。

以上这些对策基本上属于一些技术性的对策，中国对外文化软实力的真正提高，日本民众眼中的中国形象的改善，从根本上来说还有赖于中国国内社会的整合，即包括政治体制的改革，建立富裕、公正、可持续发展的良性发展社会，以及提高国民整体素质等。只有实现了这些社会性的变革，才能真正提升中国的文化软实力和改善中国对外国家形象，逐渐增加对外吸引力和影响力，最终实现中国和平发展的目标并成为国际社会大家庭中受尊敬的一员。

此书收尾之时，正值中国人民抗日战争暨世界反法西斯战争胜利70周年。希望中日两国政府和国民能够从中日共同发展的大局出发，摒弃前嫌，放下历史包袱，面向未来，求同存异，给彼此更多的理解和信任，推动中日关系向良性互动的方向发展。若如此，这将是两国人民之幸，亚洲之幸，世界之幸。

参考文献

中文文献

〔以色列〕S. N. 艾森斯塔特：《日本文明——一个比较的视角》（王晓山等译），商务印书馆2008年版。

〔日〕坂本太郎：《日本史》（汪向荣等译），中国社会科学出版社2008年版。

陈晓伟：《明星符号与国家形象的建构》，《东岳论丛》2012年第1期。

程曼丽：《大众传播与国家形象塑造》，《国际新闻界》2007年第3期。

范文澜：《中国近代史》上编第一分册，人民出版社1951年版。

管文虎主编：《国家形象论》，电子科技大学出版社2000年版。

何辉等：《新传媒环境中国家形象的构建与传播》，外文出版社2008年版。

胡文涛：《美国文化外交及其在中国的运用》，世界知识出版社2008年版。

黄庆：《对外宣传中的国际意识与国家形象》，《中国记者》1998年第9期。

〔日〕加藤周一：《21世纪与中国文化》（彭佳红译），中华书局2007年版。

简涛洁：《冷战后美国文化外交及其对中美关系的影响》，复旦大学博士学位论文，2010年。

解晓燕、杨晓燕：《论中国大国形象塑造中的国民气质》，《兰州大学学报（社会科学版）》2012年第4期。

李雁南：《近代日本文学中的"中国形象"》，暨南大学博士学位论文，2005年5月。

李玉等主编：《文明视角下的中日关系》，香港社会科学出版社有限公司2006年版。

李正国：《危机公关、媒体角色与国家形象的修复》，《中国广播电视学刊》2006年第3期。

李智：《文化外交：一种传播学的解读》，北京大学出版社2005年版。

刘继南、何辉等：《镜像中国——世界主流媒体中的中国形象》，中国传媒大学出版社2006年版。

刘家鑫：《日本近代知识分子的中国观》，南开大学出版社2007年版。

刘林利：《日本大众媒体中的中国形象》，中国传媒大学出版社2007年版。

刘小燕：《从国民形象传播看国家文明形象的构建》，《国际新闻界》2007年第3期。

刘小燕：《关于传媒塑造国家形象的思考》，《国际新闻界》2002年第2期。

鲁子问：《国民外宣：国民跨文化能力促进国家形象建设的有效路径》，《学习论坛》2012年第5期。

罗海龙：《日本大众传媒对华报道的建构主义分析》，河北大学硕士学位论文，2008年。

庞中英：《论中日关系中的美国因素》，《国际经济评论》2002年第3期。

彭新良：《文化外交与中国的软实力：一种全球化的视角》，外语教学与研究出版社2008年版。

阮蓓倩：《中日相互报道与两国形象研究》，南昌大学硕士学位论文，2007年。

阮蓓倩：《中日相互报道与两国形象研究》，南昌大学硕士学位论文，2007年6月。

〔美〕塞缪尔·亨廷顿：《文明的冲突与世界秩序的重建》（周琪等译），新华出版社2002年版。

沈海涛：《日本的中国认识与九一八事变》，《东北史地》2011年第4期。

宋成有：《新编日本近代史》，北京大学出版社2006年版。

孙有中：《国家形象的内涵及其功能》，《国际论坛》2002年第3期。

谭建川:《日本教科书的中国形象研究》,北京大学出版社2014年版.

滕军等编著:《中日文化交流史》,北京大学出版社2011年版。

藤平真珠:《日本应当惧怕中国的崛起吗?》(张玲译),《国外理论动态》2008年第10期。

〔日〕天儿慧:《日本人眼中的中国》(范力译),社会科学文献出版社2006年版。

涂光晋、宫贺:《北京奥运与国家形象传播中的议程》,《中国广播电视学刊》2008年第7期。

王晓德:《美国文化与外交》,世界知识出版社2008年版。

王秀丽、贾哲敏:《全球体育赛事与国家形象塑造》,《中国地质大学学报》2011年第2期。

吴光辉:《日本的中国形象》,人民出版社2010年版。

吴光辉:《日本的中国形象研究——理论与方法的探索》,《日语教育与日本学》2011年第1期。

吴学文等:《当代中日关系》,时事出版社1995年版。

吴友富:《中国国家形象的塑造和传播》,复旦大学出版社2009年版。

谢晓光、岳鹏:《冷战后影响中日关系的结构性因素检验》,《日本问题研究》2013年第3期。

徐天新等主编:《世界通史(现代卷)》,人民出版社1997年版。

徐小鸽:《国际新闻传播中的国家形象问题》,《新闻与传播研究》1996年第2期。

严绍璗:《20世纪日本人的中国观》,《泰安教育学院学报岱宗学刊》1999年第2期。

严绍璗:《战后60年日本人的中国观》,《日本研究》2005年第3期。

杨栋梁主编:《近代以来日本的中国观》,江苏人民出版社2012年版。

〔日〕野村浩一:《近代日本的中国认识》(张学锋译),中央编译出版社1999年版.

战琦、刘妍:《从日本主要报纸涉华报道看国家形象的树立》,《对外传播》2008

年第9期。

张昆、徐琼:《国家形象刍议》,《国际新闻界》2007年第3期。

张丽:《冷战后日本人中国观及其影响因素研究》,华东师范大学硕士学位论文,2013年。

张宁:《日本媒体上的中国:报道框架与国家形象》,吉林人民出版社2006版。

张雅晶:《日本人的中国观——以文化大革命时期为中心》,《辅仁历史学报》2001年第12期。

张玉:《日本报纸中的中国国家形象研究(1995—2005)——以<朝日新闻>和<读卖新闻>为例》,《新闻与传播研究》2007年第4期。

张毓强:《国家形象刍议》,《现代传播》2002年第2期。

赵新利:《日本纪录片中的中国形象》,《青年记者》2009年10月上。

赵新利:《日本纪录片中的中国形象》,《青年记者》2009年10月上。

赵新利:《中日传播与公共外交》,社会科学文献出版社2012年版。

周宁:《"巨大的他者"——日本现代性自我想象中的"中国"》,《天津社会科学》2011年第5期。

英文文献

Anholt, Simon, *Competitive Identity: The New Brand Management for Nations, Cities and Regions* (New York: Palgrave Macmillan, 2007).

Brewer, Paul R., Joseph Graf, and Lars Willnat, "Priming or Framing: Media Influence on Attitudes toward Foreign Countries", *Gazette: The International Journal for Communication Studies*, Vol. 65, No. 6, 2003, pp. 493—508.

Entman, Robert, "Framing: Toward Clarification of a Fractured Paradigm", *Journal of Communication*, Vol. 43, No. 4, 1993, pp. 51—58.

Iriye, Akira, *Cultural Internationalism and World Order* (Maryland: The Johns Hopkins University Press, 1997).

Kunczik, Michael, *Images of Nations and International Public Relations* (Mahwah: Lawrence Erlbaum, 1997).

Mark, Simon L., "Rethinking Cultural Diplomacy: The Cultural Diplomacy of New Zealand, the Canadian Federation and Quebec," *Political Science*, Vol. 62, No. 1, 2010, pp. 62–83.

McCombs, Maxwell, and Donald L. Shaw, "The Agenda-setting Function of Mass Media", *Public Opinion Quarterly*, Vol. 36, No. 2, 1972, pp. 176—187.

McMurray, Ruth, and Muna Lee, *The Cultural Approach: Another Way in International Relations* (Chapel Hill: University of North Carolina Press, 1947).

Morley, Michael, *How to Manage Your Global Reputation: A Guide to the Dynamics of International Public Relations* (New York: New York University Press, 1998).

Mutz, Diana, "Mass Media and the Depoliticization of Personal Experience", *American Journal of Political Science*, Vol. 36, No. 2, 1992, pp. 483—508.

Nye, Joseph S., Jr., *Soft Power: The Means to Success in World Politics* (New York: Public Affairs, 2004).

Soroka, Stuart N., "Media, Public Opinion and Foreign Policy", *Press/Politics*, Vol. 8, No. 1, 2003, pp. 27—48.

Wanta, Wayne, and Yu-wei Hu, "The Agenda-setting Effect of International News Coverage: An Examination of Differing News Frames", *International Journal of Public Opinion Research*, Vol. 5, No. 3, 1993, pp. 250—264.

Wanta, Wayne, Guy Golan, and Clseolhan Lee, "Agenda Setting and International News: Media Influence on Public Perceptions of Foreign Nations", *Journalism and Mass Communication Quarterly*, Vol. 81, No. 2, 2004, pp. 364—377.

日文文献

〔日〕阿部知二「文化と人間」、『世界』1955年1月号。

〔日〕安藤彦太郎、村松暎、竹内実「文化大革命は破壊か建設か」、『中央公論』1966年11月号。

〔日〕安藤彦太郎、古在由重、野原四郎、野村浩一「《討論》毛沢東思想とは何か—プロレタリア文化大革命をめぐって」、『世界』1966年11月号。

〔日〕白石凡「社会主義国家建設への第二革命」、『中央公論』1967年4月緊急増刊号。

〔日〕福沢諭吉「脱亜論」、『福沢諭吉全集 第10巻』、岩波書店、1962年。

〔日〕高杉晋作「遊清五録」、東行先生五十年祭記念会編『東行先生遺文』、民友社、1961年。

〔日〕吉野作造「日華国交論」、『吉野作造博士民主主義論集』第六巻、新紀元社、1947年。

〔日〕内山完造「中国から帰って」、『世界』1953年5月号。

〔日〕清水幾太郎「日中間にこそ平和的共存を」、『世界』1959年11月号。

〔日〕桑原寿二「文化大革命の後遺症」、『中央公論』1967年4月緊急増刊号。

〔日〕勝海舟「開国起源」、勝海舟全集刊行会『勝海舟全集 第二巻』、講談社、1973年。

〔日〕藤間正大『近代東アジア世界の形成』、春秋社、1977年。

〔日〕尾藤正英ほか「新日本史A」、数研出版、平成7年11月。

〔日〕西尾幹二ほか「新しい歴史教科書」、扶桑社、2001年6月。

〔日〕西園寺公一、松本俊一「中国？日本？アジア」、『中央公論』1970年10月号。

后　记

本书从2010年开始设计调查问卷到2015年5月完成初稿，历时五年。五年中，中日关系可谓波澜起伏、复杂多变，既经历了2010年钓鱼岛海域撞船事件和2012年钓鱼岛被日本政府所谓"国有化"后中日两国政治安全关系的急剧恶化甚至几乎要兵戎相见的严重紧张状态，也经历了2014年双方达成四点共识并实现首脑会晤以及随后开始并延续至今的关系改善进程。今后几年中日关系将如何变化和发展，我们的预测是：基本上会波澜不惊地平稳发展，既不会出现像2012年钓鱼岛危机那样的严重冲突，但两国之间存在的一些矛盾依旧难解，也不可能出现迅速改善关系的热络场面，眼下改善关系的势头仍将缓慢持续。

之所以做出如此判断，首先是因为中日两国都已经被深深地卷入到全球化的过程中。尽管东亚地区仍然存在着包括中日矛盾在内的众多矛盾和潜在危机，但是整个国际形势并不允许像中日这种级别的大国之间爆发冲突，全球化的经济联系已经使中日两国具有越来越深的相互依存关系，除非其中一国的政府愿意不惜代价和不计成本地试图彻底摊牌立见分晓，而两国的实力对比其实各有所长、不相上下，一旦发生冲突，双方都没有确胜的把握，反倒有可能造成难以确定的灾难性后果。因此，从双方根本利益而言，其实都在避免出现危机，即使存在矛盾，也试图通过和平方式加以解决。

后 记

2016新年伊始，日本首相安倍晋三在日本国会所作的施政演说中，也将改善日中关系作为其外交目标之一，作为其施政重点的振兴国内经济则更是需要和中国的合作。从中国方面而言，也同样需要稳定中日关系，尤其在最近国内经济下行压力增加以及南海、两岸、朝核问题同时有所激化的情形下更不愿意出现中日关系的紧张。而且，在2016年，中日两国首脑有多次见面机会。比如中日韩三国首脑会议将在日本举行，中国主办的G20杭州峰会日本首相也将与会。此外，中日高层经济对话也在搁置多年后有望在2016年恢复。这些活动都会使中日关系在一定程度上有所改善，至少不会更加恶化。

当然，同样不容否认的是，中日关系中的结构性矛盾依然存在，在历史认识问题和领土争端问题上的分歧依旧，尤其在安全上的互不信任依然存在，两国国民感情的友好度仍然很低，不过只要双方政府主观上想要改善关系，又能够通过某种措施抑制危机并逐步修复和扩大双方的经济和文化交流关系，尤其是持续扩大民间交流，中日关系的改善或至少平稳发展就是有可能的。近年来，中国赴日旅游人数持续增加，在2015年已经成为赴日旅游第一客源国，未来希望有更多的日本人能够来中国旅游、学习和工作，这对增进中日两国民众的相互理解、改善中日关系有一定的积极作用。今后，我们也会持续关注中日关系以及中国文化软实力的对日传播，希望能跟大家分享更多的研究成果。

本书能够顺利完成并出版，需要感谢的人很多。首先，要感谢本丛书项目的负责人北京大学新闻与传播学院的关世杰教授在组织项目组进行问卷设计、数据分析和书稿写作中所付出的诸多努力，也要感谢课题组的同仁在项目实施和书稿写作中的互相鼓励和帮助；同时，要特别感谢北京大学新闻与传播学院的徐金灿副教授为本书的写作提供了由她负责执行的中国文化在日本的影响力评估调查数据，作为前两次调研数据的补充和对比；还要感谢驻华的多位日本媒体记者以及在中国访问学习的两位日本学者，他们不仅抽出时间接受访谈，而且都表示了希望中日关系改善的真诚愿望。

感谢北京大学的王缉思教授，他在百忙之中抽出时间阅读书稿，不仅为本书作序，也对书稿的修改与完善提出了许多宝贵的建议；感谢北京大学的李玉教授、中国社会科学院日本研究所的崔世广研究员以及日本广播协会前新闻节目主持人本泽一郎先生在阅读本书后做了推荐。

最后，感谢北京大学出版社的徐少燕编辑，她在本书的内容、结构、规范等方面提出了许多建议。

本书是国家社科基金重大项目"我国对外传播文化软实力研究"（08&ZD057）和"增强中国对外传播文化软实力深度研究"（14ZDA053）的研究成果。感谢国家社科基金和北京市青年英才计划对本书写作的支持。

王秀丽　梁云祥
2016年2月于北京